Für Bruno

in gefühlt 100jähriger
beruflich-sportlicher
Verbundenheit
– mit lieben Grüßen

Delner

Der Autor

Hermann Beckfeld wurde 1955 in Bottrop geboren. Bei den Ruhr Nachrichten begann er als Zusteller und hörte 45 Jahre später als Chefredakteur auf. Er gewann acht Journalistenpreise, u. a. den renommierten Theodor-Wolff-Preis. Seine Karriere als ausgebildeter Fußballlehrer ist ausbaufähig: ein Jahr Trainer, ein Abstieg. Der Journalist hat schon mehrere Bücher geschrieben und herausgegeben. Seine wichtigsten Romane erschienen in der limitierten Auflage von nur einem Exemplar. Er schrieb sie für seine Frau Simone, für seine Töchter Lisa und Lena und für seine Enkelin Johanna.

Das Buch

Im Wartezimmer des Glücks sitzen viele – auch Werner Hansch und der Spielteufel. Als das Mikro des Hörfunkreporters verstummt, als das Rentenalter den TV-Kommentator vom Bildschirm verbannt, verzweifelt der über 70-Jährige an der Sinnfrage und kommt auf der Suche nach Nervenkitzel und Anerkennung vom Weg ab. Ein scheinbar harmloser Abstecher in eine Zockerbude schürt die Wettleidenschaft, stürzt ihn in den Abgrund, Endstation Hölle.

Werner Hansch verliert alles, sein Vermögen, sein Haus, seinen guten Ruf, seine Liebe. Er belügt und betrügt Freunde, leiht sich Geld, das er nicht zurückzahlen kann. Die gierige Sucht frisst alles auf, auch seine Scham, seine Seele.

Ein Zeitungsbericht gibt ihm den Rest und sorgt doch für die Wende. Es gibt nur noch einen Ausweg aus der Hölle. Werner Hansch stellt sich der Krankheit, lässt sich therapieren und zieht im Opa-Alter ins Promi-Big-Brother-Haus. Der König gewinnt 100 000 Euro, aber ist noch lange nicht am Ziel.

Die Geschichte von Werner Hansch: Auf- und Abstieg einer Legende, eine markante Stimme und mörderische Sucht, Tragödie und Traum vom Happy End.

Einmal Hölle und zurück!

Werner Hansch

geschrieben von

Hermann Beckfeld

Summerfield Publishing ist ein Imprint des Titus Verlags
Copyright by
Titus Verlag, Wiesbaden, 2021

Redaktion:
Matthias Distel, Sascha Ehlert

Lektorat:
Sabine Dreyer

Cover-Foto:
Andrea Maxsisch
www.etwas-bleibt-fotografie.de

2. Auflage 2021

Bibliografische Information der Deutschen Bibliothek
Die Deutsche Bibliothek verzeichnet diese Publikation in der Deutschen Nationalbibliografie; detaillierte bibliografische Daten sind im Internet über http://dnb.ddb.de abrufbar.

ISBN 978-3-946353-70-6

Prolog

Frühjahr 2021. Eine Gute Nachricht vorweg: Das mutierende Corona-Virus habe ich tapfer auf Distanz gehalten. Bisher jedenfalls. Eine Infektion in meinem Alter, die Lunge bereits vorgeschädigt, da könnte es für mich ganz schnell mal ziemlich eng werden.

 Vielleicht hatte ich einfach nur Glück. Spätes Glück, das ich so oft und so lange vermisst habe in den letzten Jahren. Jetzt könnte ich es ganz nötig brauchen. Ich bin noch nicht fertig mit dem Leben. Ein paar Dinge müssen noch geklärt und erledigt werden im Endspurt meiner Tage.

Die meiste Zeit bin ich allein zu Haus, selbstverordnete Quarantäne. Hier pflege ich meine psychischen Wunden und den Lebensmut, der mir noch blieb. Gegen meine Krankheit gibt es keinen Impfstoff, keine Spritze, die Heilung bringen könnte. Sie erfasst den Verstand, den Willen, die Seele, den ganzen Menschen in seiner Struktur und Existenz. Mich hat sie spät erwischt, im Rentenalter. Unaufhaltsam hämmert heute eine Frage in meinem Kopf: Wie konnte es so weit kommen? Wie konntest du zulassen, dass aus einer zufälligen Begebenheit schleichend ein wildloderndes Feuer der Leidenschaft entflammte? Mein privates und soziales Umfeld ist komplett daran zerbrochen. Manches Mal begleiten mich Albträume durch die Nacht. Sie kreisen stets um diese Fragen.

Ja, ich bin süchtig geworden. Brutal spielsüchtig, pathologisch wettspielsüchtig, wie die Fachärzte das beschreiben. Alles um mich herum war über Jahre dieser teuflischen Schwerkraft ausgeliefert.

Dramatische Einschläge um die Jahreswende 2019/20 haben mir meine Krankheit endlich bewusst gemacht. Dank nachhaltiger Beihilfe meines anwaltlichen Freundes Alfons Becker konnte ich sie immer deutlicher erkennen und als mein existenzielles Problem annehmen. Diese Einsichten waren schlicht alternativlos und grundlegend für den anvisierten Richtungswechsel.

Seitdem bin ich in fachärztlicher Therapie und Mitglied einer Selbsthilfe-Gruppe Glücksspielsucht. Frei von Entzugsstress hat mein Leben wieder Struktur. Und die Fähigkeit zur kritischen Selbstreflexion ist zurück. Soweit gefestigt, riskiere ich einen Blick auf einzelne Stationen meiner Suchtspirale. Ich sehe heute die zentralen Wegweiser in meinen Abgrund. Das trübt die Stimmung und streift manchmal die Grenze zur Depression.

Wenn es eine Hölle gibt, dann habe ich jetzt schon eine Vorstellung, wie es sich dort anfühlt.

Also Richtungswechsel. Ich muss nach vorne schauen. Aber wo ist vorne?

Draußen tobt die Pandemie. Im Netz blüht das Glücksspiel. Online spielen und wetten liegen im Trend. Die Versuchung lockt mit aufreizenden, schrillen Angeboten neue Opfer. Wer darauf abfährt und womöglich zügig Fahrt aufnimmt, kann schnell die Kontrolle verlieren über sich und sein Spiel. Schon hat die Sucht-Falle zugeschnappt. Betroffen sind häufig jugendliche Einsteiger aus bildungsferneren Milieus. Ohne angemessene häusliche Betreuung. Ohne Chance auf positive Sinnfindung. Ohne erfüllende Freizeitalternativen.

Meine traumatischen Erfahrungen als abgestürzter Glücksritter können ein Medium sein im Rahmen präventiver Suchtabwehr. Oder ein letzter aufschreckender Warnruf für abhängige Zocker: Achtung! Aufwachen! Es ist kurz vor 12. Und gleich dahinter lauert die Hölle.

Eine anspruchsvolle, zugleich sinnstiftende Herausforderung für den Botschafter des Fachverbandes Glücksspielsucht.

Das ist die gute Nachricht am Ende meiner abenteuerlichen Zeitreise. Einmal Hölle und zurück!

Aber das Spiel zwischen zwei Buchdeckeln geht ja jetzt erst richtig los. Dazu schalte ich aus dem häuslichen Studio symbolisch hinüber ins prall gefüllte Stadion des Lebens und rufe meinen Kollegen Hermann Beckfeld, den Autor dieses Buches.

Werner Hansch

Kapitel 1
Sucht
Der Blick durch den Türspalt

Das Datum? Werner weiß nicht mehr genau, wann er zum ersten Mal eine Zockerbude betrat und das Unheil seinen Lauf nahm. Vielleicht hat er das Datum auch einfach nur verdrängt, wie so vieles nach dem Sturz in den Abgrund, als das Leben nur noch ablief wie ein Film, wie ein schlechter Film. Als alles unwichtig wurde, was früher wichtig war: die Lebensgefährtin, Familie, Freunde, seine Moderationen, der Alltag. Das

Einzige, was zählte, waren das Zocken, die Programme der Rennbahnen, die Wahl seiner Favoriten, sein Glaube, dass die Pechsträhne irgendwann ein Ende haben muss, haben wird. Doch im Wartezimmer des Glücks sitzen viele Leute.

2008/2009 muss es gewesen sein, als Werner wieder einmal nach Recklinghausen fährt. Hier ist er geboren, aufgewachsen, hier hat er immer noch ein Postfach. An diesem Tag ist er spät dran. Er erinnert sich, dass die Hauptpost nur noch wenige Minuten geöffnet hatte, dass es bereits dämmerte und er ein leichtes Kratzen im Hals verspürte. Die Stimme des Ruhrgebiets, die funktionieren muss, geht kein Risiko ein. Statt direkt nach Dortmund zurückzukehren, läuft Werner ein Stück den Wall hinunter, biegt rechts in die Seitengasse ab und kauft in der Apotheke Salbei-Bonbons.

Was nun geschieht, beschreibt Werner so detailliert, ja stimmungsvoll, als wäre er wieder der geniale Radioreporter, der seine Hörer mit ins Stadion, mit auf die Tribüne nimmt, damit sie hautnah dabei sind. Doch diesmal geht es nicht um Spieler, es geht um ihn selbst: Wer den langen Weg durch die Hölle gegangen ist, wird den ersten Schritt nicht vergessen.

Auf dem Rückweg zum Parkplatz kommt er an einem Buchmacherladen vorbei. Er ist den Weg schon tausend Mal gelaufen, doch nie zuvor wäre er auf den Gedanken gekommen, dort hineinzugehen. Warum auch? Doch heute steht die Tür einen Spalt offen. Ein kleines Stück nur, aber es reicht, um den Lärm zu hören, den Rauch zu spüren, einen Hauch von Stimmung aufzusaugen. ›Da drinnen‹, denkt er, ›muss unheimlich was los sein‹, und steckt seinen Kopf in den Spalt.

Wie es der Zufall will, vielleicht ist es auch der Spielteufel persönlich, schauen gleich drei Leute in diesem Moment zur Tür, und natürlich erkennen sie den Chefkommentator von SAT.1-Fußball, was einer lebenden Reporterlegende sicherlich guttut, wenn man schon einige Zeit vom Bildschirm verschwunden ist.»Ach, da ist ja der Werner Hansch, komm doch mal rein«, ruft einer, und Werner lässt sich nicht lange bitten.

Werner ist sofort fasziniert von den vielen Fernsehapparaten, die an der Wand hängen, von den Menschen, die auf die Bildschirme mit Pferderennen starren; einige Männer sind still, wirken angespannt, andere feuern lautstark ihren Favoriten an.

Werner kommt schnell ins Gespräch, wird angesprochen von einem mit dem berühmten todsicheren Tipp. In Rennen 4 in Paris, da läuft gleich einer, der kann gar nicht verlieren, behauptet er. Werner denkt nicht lange nach, will sich auch nicht lumpen lassen, steckt dem selbst ernannten Experten einen Zwanziger zu. Er überlässt ihm den Gang zum Schalter.

Zufall? Fügung? Es kommt, wie es kommen soll oder besser nicht hätte kommen sollen. Werner gewinnt, so wie anfangs der Tourist gegen den Hütchenspieler in einer Seitengasse von Madrid, Sevilla oder anderswo. Es sind vorgegaukelte Träume vom ewigen Glück, Appetitmacher, die süchtig machen. Erfolgserlebnisse, die dazu einladen, es noch einmal zu riskieren. Was spielt es da für eine Rolle, dass Werner gerade mal 42 Euro bekommt.

Nur 14 Tage später. Das Postfach muss nicht geleert werden, sein Hals kratzt nicht. Werner fährt wieder nach Recklinghausen, ihn zieht es direkt zur Zockerbude, doch diesmal ist die Tür geschlossen. Werner braucht keinen Spalt, keinen Lärm, keinen Rauch. Er macht die Tür selbst auf, geht unaufgefordert rein. »Ich habe mich selbst reingerufen«, sagt er heute. Und wettet. Gewinnt und verliert, weil Traber galoppieren, er verliert, weil sein Favorit mit kurzem Kopf nur Zweiter wird, er verliert, weil der, der eigentlich unschlagbar ist, nur hinterherläuft. Er verliert, weil er eben heute eine Pechsträhne hat. Aber morgen, da wird sich das Blatt ändern, dann kehrt das Glück zurück, denkt er schon auf der Heimfahrt.

Und überhaupt. Was solls. Noch sind es nur 10, 20 Euro, die er pro Rennen setzt. Das ist Kleingeld für einen, der

Hunderttausende auf dem Konto gebunkert hat. Der sich auskennt in der Branche und auf seinen Pferdeverstand setzt; schließlich war er elf Jahre Geschäftsführer des Trabrennvereins Dinslaken.

Noch ist nicht viel passiert, noch weiß Werner nicht: Er ist auf dem besten Weg in Richtung Hölle, in Richtung Big Brother.

Kapitel 2
Leben
Wenn Träume platzen ...

Am 5. Juli 1938 klopfen zwei Männer mit Schlapphüten und Trenchcoats an die Wohnungstür und verhaften Stefan Hansch wegen ›staatsfeindlicher Äußerungen‹. Als sieben Wochen später sein Sohn Werner zur Welt kommt, sitzt der Gefangene mit der Nummer 7824 ›zur politischen Umerziehung‹ im Konzentrationslager Buchenwald. Es wird sieben Jahre dauern, bis Werner seinen Vater zum ersten Mal sieht.

Stefan Hansch wächst in Bielewo auf, einem kleinen polnischen Dorf, die nächstgrößere Stadt ist Grünberg. Mit einem Onkel macht sich der junge Stefan kurz nach der Jahrhundertwende auf in Richtung Ruhrgebiet; wie viele andere Polen suchen sie auf der sogenannten Ost-West-Wanderung Arbeit als Bergleute. Stefan fängt im Alter von 14 Jahren in Recklinghausen auf dem Pütt an.

Als es Zeit wird, eine Familie zu gründen, kehrt er nach Polen zurück. Dort findet er eine Frau, heiratet sie und bekommt mit ihr in Recklinghausen zwei Söhne: Marian und Felix.

Die Jungen sind noch jung, da stirbt die Mutter an einer Lungenentzündung. Stefan weiß, dass er als Bergmann seine beiden Söhne nicht allein großziehen kann. Er sucht Hilfe bei seiner Schwiegermutter im polnischen Sulechow, die das Problem pragmatisch löst: Ihre älteste noch ledige Tochter Magdalena, quasi Stefans Schwägerin, muss den Bergmann heiraten. Sie stimmt zu. Liebe? Romantische Gefühle? Wohl eher nicht. Magdalena nutzt die Chance, dem tristen polnischen Landleben zu entfliehen.

Werners resolute Oma ordnet zudem an, dass das neue Paar nur einen Sohn nach Deutschland mitnimmt, um die junge Ehe nicht zu sehr zu belasten. Die Wahl fällt auf Felix. Marian bleibt im traurigen Provinznest.

Magdalena und Stefan werden Eltern von drei Kindern: die Töchter Gertrud und Felicitas, genannt Zita, und 16 Jahre nach Zitas Geburt Nachzügler Werner.

Da ist sein Vater schon fast 50 Jahre alt.

Familie Hansch wohnt in Recklinghausen Süd, einer Arme-Leute-Gegend, vier von fünf Männern malochen auf einer Zeche. Die Familie teilt sich mit 13 Parteien das mehrstöckige Haus an der Leusbergstraße 28, die nach der Machtergreifung durch die Nationalsozialisten in Hermann-Göring-Straße umbenannt wird.

Die Eheleute und Felix, später auch die anderen Kinder, müssen sich mit zwei Zimmern und 60 Quadratmetern, mit einer einzigen Wasserstelle und einem Gemeinschaftsklo im Treppenhaus begnügen. Eine Zentralheizung fehlt. Im Erdgeschoß führt ein strammer Nazi die Kneipe, in der Stefan nach stressigem Schichtdienst an Lohntagen gerne einen über den Durst trinkt. Er schließt sich 1932 der KPD und dem kommunistischen Gewerkschaftsbund an. Die Nazis sind gerade erst an die Macht gekommen, da will ein Mitglied des Rotfrontkämpferbundes, Slomski genannt, Stefan überreden, Sprengstoff aus dem Pütt zu schmuggeln; für einen Gesteinshauer wie ihn sei das doch kein Problem. Der Bergmann ahnt, dass sein Diebesgut für einen Anschlag benötigt wird, weigert sich vehement. Doch irgendwann knickt er ein.
Es ist ein verhängnisvoller Fehler.

Slomski wird verhaftet, gibt nach längerer Untersuchungshaft und wohl auch unter Folter Stefans Namen und dessen Mithilfe preis. Während andere wegen Vorbereitung zum Hochverrat für fünf Jahre ins Zuchthaus müssen, kommt der Püttmann Hansch besser weg, wohl auch, weil er den Diebstahl gesteht. Die Richter verurteilen ihn wegen Sprengstoffverbrechen; er wird nach 20 Monaten freigelassen.

Es sind gerade mal zwei Sätze, die ihn 1938 erneut ins KZ Buchenwald bringen. Zwei Sätze, die er leichtfertig in launiger Runde in der Kneipe im Erdgeschoss des Hauses an der Hermann-Göring-Straße 28 sagt: »Ich verstehe gar nicht, wieso sie alle dem Hitler hinterherlaufen. Der ist doch auch bloß ein Prolet.« Ganz klar: Der Wirt, dieser erbärmliche Nazi, hat ihn denunziert, ihn bei der Gestapo verpfiffen.

Was soll Magdalena nun machen, allein mit ihrem Baby? Stiefsohn Felix kann ihr nicht helfen. Er ist Berufssoldat, hat sich dem 100 000-Mann-Heer angeschlossen, das die Siegermächte Deutschland nach der Niederlage im Ersten Weltkrieg zugestanden haben. Die Töchter Gertrud und Zita machen im fernen Travemünde eine Hotellehre. An der Ostsee werden dringend junge Mädchen zum Putzen und Bettenmachen gebraucht.

Als Ehemann Stefan aus dem KZ entlassen wird, hat Magdalena mit Säugling Werner längst Recklinghausen verlassen und lebt nun auf dem kleinen Bauernhof ihres Bruders in einem abgelegenen polnischen Dorf. Doch dem Krieg und der SS kann sie nicht entfliehen. Die Wehrmacht enteignet den Onkel, er verliert sein Gut und muss als Knecht auf dem eigenen Hof arbeiten. Zu allem Überfluss fällt bei einer Personenkontrolle einem uniformierten Beamten die Mutter aus Recklinghausen auf. Warum sie als Deutsche kein Hakenkreuz trage?, will er wissen. Er werde das zeitnah überprüfen.

Noch in der Nacht bringt der Onkel Magdalena und Werner auf einem vom Pferd gezogenen Heuwagen in Sicherheit. Sie verstecken sich in einem 40 Kilometer entfernten Dorf bei anderen Verwandten.

Nach der Wende des Krieges in Stalingrad, der Vernichtung der 6. Armee, können sie auch dort nicht bleiben. Die Mutter flüchtet mit ihrem Sohn vor den nach Westen drängenden Russen.

Eine dramatische Situation: Auf dem Berliner Bahnhof Friedrichstraße überrascht die beiden ein Fliegeralarm. Im Tumult suchen Tausende Menschen im Bahnhof Schutz. Werner klammert sich an den Mantel seiner Mutter, die in jeder Hand einen Koffer trägt. Doch im Gedränge rutscht ihm der Stoff aus der Hand, er schreit erbärmlich. Er hat fürchterliche Angst, seine Mutter zu verlieren, von den Massen erdrückt zu werden.

Magdalena stellt die Koffer ab, dreht sich um, packt Werner. Und kann es nicht fassen. Als sie Augenblicke später wieder nach vorne schaut, sind die Koffer weg. Das Letzte, was sie noch hatten, wurde ihnen gestohlen.

Die Züge sind überfüllt, können aus Furcht vor Luftangriffen nur nachts fahren. 14 Tage brauchen Magdalena und ihr Sohn, bis sie endlich in Recklinghausen sind. Doch dort kann er nicht bleiben; mit seinen Schwestern wird er evakuiert. Sie kommen auf einen Bauernhof nahe Höxter unter. Die Mädchen müssen arbeiten, für Werner beginnt eine unbeschwerte Zeit. Er findet gleichaltrige Freunde; sie toben auf dem Hof herum, spielen mit Katzen, und Werner lernt Deutsch.

Der Junge ist wütend, ja stinksauer, wenn die Eltern später nur polnisch miteinander sprechen. Die ganze Familie wird gehänselt, auf der Straße verspottet, angepöbelt. »Rot weiß blau, Polacksfrau.« Er selbst kann nur noch vier Worte. »Nie mowie po polsku – ich kann kein Polnisch.«

Eines Tages beobachten die Jungen und Mädchen Gestalten, die den Berghang hinunterrobben und immer wieder Pausen einlegen. Erst glauben sie an ein Indianerspiel, dann stehen Männer mit Maschinenpistolen in der Diele des Bauernhofes, lachen sie an, verschenken Kaugummis. Die Bäuerin muss ihre größte Pfanne aus dem Küchenschrank holen und jede Menge Rührei machen. Die amerikanischen Soldaten sind hungrig.

Endlich. Der Krieg ist vorbei, Werner und seine Schwester kehren nach Recklinghausen Süd zurück, sie werden von Stefan schon erwartet. Werner wird erst viel, viel später erfahren, was sein Vater durchgemacht hat. Jetzt sieht er nur einen alten, gebrochenen Mann, der an der Wohnungstür steht und nicht in der Lage ist, ihn in den Arm zu nehmen. Die Steinstaublunge hat er dem Pütt zu verdanken, Haft und Folter durch die Nazis haben ihn gezeichnet.

›Dieser Mann soll mein Vater sein?‹, fragt sich Werner und sagt heute: »Er war schon tot, als er noch lebte.«

Aber endlich hat der Junge ein eigenes Zuhause, sogar eine »zweite Familie«. Er nennt das Ehepaar, das keine Kinder bekommen kann und nebenan wohnt, Tante Anni und Onkel

Leo. Beide kümmern sich um ihn, als wäre er ihr eigener Sohn.

Aber Werner könnte einen richtigen Vater gebrauchen. Nicht einen, der immer auf einem der zwei Sessel im Wohnzimmer sitzt, Pfeife raucht und die Wand anstarrt. Keinen, der lieber unten in der Kneipe an der Theke sitzt und sein Bier trinkt, als mit ihm zu spielen. Der sich weigert, mit Werner über die Zeit nach der Volksschule zu sprechen. Ist doch klar, was sein Sohn macht, oder? Der geht auf den Pütt wie sein Vater, das steht für Stefan Hansch so fest wie das Amen in der Kirche.

Er schweigt das Thema tot, bis seine Frau Druck macht, ihm die Pistole auf die Brust setzt. »Was ist denn jetzt mit dem Jungen?«, will Magdalena wissen, als sie wie jeden Sonntagmittag zu viert am Küchentisch sitzen: Er, sie, Werner und seine Schwester Zita. Immer im Wechsel gibt es entweder Braten oder Kotelett.

Stefan versucht es mit einem Kompromiss. Von ihm aus kann Werner ja Elektriker lernen. Da hätte er einen leichteren Job auf der Zeche als er früher. »Ich musste ja immer nur im Dreck malochen«, sagt er.

Werner wehrt sich, will unbedingt aufs Gymnasium in Recklinghausen, flippt förmlich aus, rebelliert lautstark. »Ich will nicht in den Pütt, nie, nie, nie!«

Und dann? Was für ein Moment. Sein Vater hat die Nase voll von der Diskussion, er schmettert Messer und Gabel auf den Tisch, sein ausgestreckter Zeigefinger schießt in die Höhe, er brüllt Zita an: »Du fährst morgen nach Recklinghausen und meldest deinen Bruder zur Aufnahmeprüfung an!« Und voller Zorn, mit hochrotem Gesicht, schreit er: »Die besteht er sowieso nicht.«

Er sollte sich irren.

Kapitel 3
Sucht
2000 Euro auf Sunshine

Werner Hansch, der sprachgewandte Mann am Mikro, schweigt. Wem soll er auch erzählen, dass er nun täglich zur Zockerbude nach Recklinghausen fährt, auf Rennpferde setzt und meistens auf die falschen. Dass er nun Tag für Tag Geld vom Konto der Commerzbank abhebt? Am Anfang sind es 100 Euro, dann mehr und mehr und später bis zu 5000 Euro auf einen Schlag; alles kein Problem, noch ist sein Konto ja prall gefüllt.

Und wen geht es etwas an, dass er Nacht für Nacht heimlich stundenlang Rennpläne studiert? Immer wieder aufs Neue, und immer ist er felsenfest davon überzeugt, dass am nächsten Nachmittag die Pechsträhne endet, enden muss.

Alles andere zählt nicht mehr, selbst große Familientreffen lässt er sausen. Fast zehn Jahre lang sind ihm nur noch zwei Termine wichtig: Wann öffnet die Buchmacherbude, wann starten, wann gewinnen seine Favoriten? Da muss er pünktlich in Recklinghausen sein, rechtzeitig seinen Wetteinsatz zahlen.

Als WDR-Reporter bei ›Tore, Punkte, Meisterschaft‹, dem Hörfunk-Klassiker am Samstagnachmittag, hat er gelernt, auf den Punkt genau zur Stelle, auf Sendung zu sein. Nie hat er seinen Einsatz bei der Konferenzschaltung verpasst. Er kann sich auf sich verlassen. Warum sollte das jetzt anders sein?

»Hallo, Werner Hansch, bitte melden ...«, hieß es aus dem Studio in Köln, und schon gab er Vollgas mit seiner markanten Stimme und seinen flotten Sprüchen wie »Alles andere ist Schnulli-Bulli« oder »Wer hinten so offensteht, der kann nicht ganz dicht sein«.

Einer wie er wird alles im Griff haben, seine Stärken sind doch Disziplin, Zuverlässigkeit, Souveränität und Seriosität. Also Schluss mit den Selbstzweifeln.

»Nur noch drei Minuten bis zum Start«, hört er aus den Lautsprechern in der Wettbude, es wird Zeit für seinen nächsten Einsatz. Bitte 2000 Euro auf Sunshine: Heute, da ist er sich sicher, ist das Glück auf seiner Seite.

Natürlich fühlt er, dass die bei der Bank gerne wüssten, was er mit den Summen macht, die er sich nun jeden Tag auszahlen lässt. Er spürt, dass ihn die nette Angestellte hinter dem Schalter des Buchmachers zuweilen irgendwie mitleidig anschaut, wenn er ihr schon wieder große Scheine hinüberschiebt. Es ist eine Einbahnstraße des Glücks; fast immer gewinnt der Buchmacher.

Es ist auch nicht zu übersehen, dass die Mitstreiter beim Buchmacher ihn verstohlen beobachten, wenn er gebannt aus dem Hintergrund, mit dem Rücken zur Wand, auf den Bildschirm starrt und nach dem Rennen den zerknüllten, wertlosen Wettschein möglichst unauffällig in der Hosentasche versteckt, weil keiner mitbekommen soll, dass sein favorisierter Traber wieder einmal ins Ziel gesprungen ist. Und selbstverständlich fühlen sie, dass seine Leichtigkeit, seine Lässigkeit schwindet. Werner ist verkrampft, er schaut weder nach links noch nach rechts. Er sieht nur noch nach vorne, sieht die Bildschirme – als würde er Scheuklappen tragen, so wie aufgeregte Pferde in der Startmaschine.

Aus. Ende. Disqualifikation. Aber egal. Gleich im nächsten Rennen startet ja wieder einer, der ganz sicher die Nase vorn haben wird ...

Termine als Talkgast, als Moderator oder als Laudator hält er ein. Sie bringen Geld, das er nötiger denn je gebraucht. Gut, dass die Auftraggeber nicht in bar bezahlen. Dann würde er das Honorar schon am nächsten Tag verwetten.

Er versucht, sich auf der Bühne nichts anmerken zu lassen, souverän wie früher aufzutreten, mit einem Lächeln im Gesicht und mit der für ihm typischen Bescheidenheit, wenn er für seine Auftritte gelobt wird. Doch wie muss er sich fühlen, wenn er beim Brunch, den die Kanzlei von Anwalt Alfons Becker jedes Jahr in Dortmund für mehr als 200 Gäste ausrichtet, Uli Borowski über dessen Alkoholsucht befragt. Spürt er da schon, dass sie im Grunde suchtkranke Leidensgenossen sind und eins gemeinsam haben: Auch der Fußballnationalspieler und Publikumsliebling des SV Werder Bremen hielt seine krankhafte Sucht so lange wie möglich geheim. Fußballprofi und Reporter wissen um die fatalen Folgen.

Was geht Werner durch den Kopf, als die Medien über die wohl krankhafte Börsenzockerei von Uli Hoeneß berichten, über seinen Prozess und über sein Leben in Haft? Sicherlich liest er, dass Susanne Hoeneß ihren Mann nicht im Stich lässt, obwohl sie seine Geldaktionen gehasst hat. Sie lässt keinen Verhandlungstag im Gericht aus, aber Fotos zeigen, wie sie leidet. Wie wird seine Moni reagieren, wenn der ganze Schwindel auffliegt?

Haben die Schlagzeilen Werner nicht nachdenklich gemacht? Hat er bisher nie einen Gedanken daran verschwendet, ob seine Spielleidenschaft nicht doch mehr als nur ein glühendes Verlangen nach dem Nervenkitzel ist? Ob er nicht längst von der Sucht befallen ist, die unbedingt therapiert werden muss?

Werner setzt sich in den Wagen und fährt los. Ein Navi braucht er nicht.

Er kennt den Weg nach Recklinghausen.

Kapitel 4
Leben
Mit der Startnummer 1

Was Vater Stefan Hansch nicht für möglich gehalten hat, schafft sein Sohn. Werner besteht die Aufnahmeprüfung, darf auf das Aufbaugymnasium in Recklinghausen. Nun muss er sich in einer Welt behaupten, die nicht die Welt der Püttmänner ist, die so anders ist als Recklinghausen Süd. Hier wohnen nur Malocher, Bergleute mit dem Klo im Treppenhaus und der Deputatkohle im Keller.

Das Arbeiterkind muss sich messen mit den Söhnen von Beamten, von Geschäftsleuten, von Ärzten. Von den Studierten. Doch der Junge aus dem Malocher-Viertel lässt sich nicht einschüchtern. Er geht voran, nicht nur als Messdiener bei der traditionellen Fronleichnamsprozession. Stolz trägt er das große, schwere Kreuz auf der Stange. Er weiß, dass auf der Leusbergstraße, die ihren Namen zurückbekommen hat, seine Mutter und Schwester, Tante Anni und Onkel Leo aus dem Fenster schauen, aber er guckt nach vorne, wie der aufgespießte Heiland am Kreuz.

So häufig wie möglich dient er als Messdiener morgens um 6 Uhr in der Früh beim Gottesdienst in der kleinen Kapelle des Krankenhauses St. Elisabeth, weil es danach eine doppelte Stulle mit einer Tasse Milch gibt.

Der Vater bleibt ihm fremd. »Mit 17, 18, 19 hätte ich häufig seinen Rat gebraucht«, erinnert er sich. Doch Stefan Hansch schweigt, wird bis zu seinem Lebensende schweigen.

Ob er im Geheimen doch stolz auf seinen Sohn ist? Werner meistert die Abiturprüfung mit guten Noten, studiert nun Jura und Moderne Geschichte in Münster. Er sagt es keinem, aber insgeheim träumt er von einer Karriere als Diplomat. Er liest viel, besucht politische Seminare.

Am Nachmittag des 4. März 1961 holt ihn die Sekretärin der Weiterbildungsstätte in Vlotho aus der Vorlesung. Er soll ihr folgen, er würde am Telefon verlangt.

Werner ahnt, was ihm seine Schwester Zita mit tränenerstickter Stimme gleich sagen wird.

»Vater ist tot.«

Fünf Wochen später steht Werner wieder am Grab. Während der Sarg seiner Mutter in die Tiefe gelassen wird, geht sein Blick auf die linke Seite des Grabes, auf den Hügel mit der ausgebuddelten Erde. Ganz oben liegt ein welker Kranz, der kümmerliche Rest von Vaters Beerdigung. Werner hat innerhalb von einem Monat Vater und Mutter verloren.

Mit den Eltern sterben seine Träume.

Werner weiß, dass er nie Diplomat werden kann, dass er sein Studium abbrechen muss.

Mit Jobs schlägt er sich durch. Er arbeitet auf dem Bau, verdient sich abends etwas Geld als Croupier im Hinterzimmer einer Kneipe. Dort sitzt er mit Spielern an einem runden Tisch, verwaltet die Einsätze. Es ist sein erster Kontakt mit dem Glücksspiel. Er, besser der Wirt, gewinnt immer – so wie später Buchmacher Henry Kalkmann in seinem Recklinghäuser Wettbüro.

Ironie des Schicksals. Um seinen Lebensunterhalt zu verdienen, macht Werner, was er nie, nie, nie wollte. Er malocht sechs Wochen lang unter Tage als Hilfsarbeiter im Pütt. Der Reviersteiger mag ihn, stattet Werner mit dem Arschleder aus und zeigt ihm an seinem letzten Arbeitstag, wo die Kohle gemacht wird.

Sie klettern hinab durch den engen, dunklen, verstaubten Streb. Überall hauen Bergleute, schwarz wie die Teufel, mit dem Presslufthammer die Kohle aus dem Gestein; moderne Abbautechnik gibt es noch nicht. Werner krabbelt durch die Welt seines Vaters, mit jedem Meter wird seine Hochachtung für den Alten größer.

Und eins wird ihm bewusst: Hier unten, da hat er sie gefunden, die wahren Helden des Wirtschaftswunders.

Werner jobbt weiter, aber so hat er sich seine Zukunft nicht vorgestellt. Deshalb zieht er sein Lehramtsstudium in zwei Jahren mit Erfolg durch, um dann nach wenigen Monaten im Schuldienst festzustellen: Ein Leben im Klassenzimmer ist nichts für ihn. Er hört auf.

1965 heiratet Werner seine langjährige Freundin Ingrid, Sohn Oliver wird ein Jahr später geboren. Die Ehe hält nur drei Jahre, nach der Scheidung bleibt Oliver bei seiner Mutter.

Der Geschäftsführer der Trabrennbahn in Recklinghausen, ehemals Steuerinspektor beim Finanzamt, wird auf Werner, den engagierten und eloquenten jungen Mann, aufmerksam und macht ihn zum Rennbahnsprecher. Das Geschäft mit

Sulky und Pferden floriert. Werner schreibt Presseberichte für die Zeitungen, doch dabei wird es nicht bleiben. Als der Kommentator mit einer Grippe ausfällt, springt Werner ein. Nun sitzt er im Zielturm, hat die ganze Bahn im Blick und schildert die Rennen. Er verliest die Berichte der Richter, verkündet die Quoten.

Sein Geschäftsführer ist mehr als zufrieden, verpflichtet ihn dauerhaft als Kommentator. Schnell spricht sich Werners Sprachtalent herum, schon bald ist er an jedem Abend unterwegs, um die Rennen in Recklinghausen, Dinslaken, Mönchengladbach und Gelsenkirchen mit dem Mikro in der Hand die Rennen zu begleiten.

Mehr noch: Er schreibt nicht nur für alle Bahnen die Ankündigungen der Veranstaltungen, sondern auch Presseberichte über den Verlauf der Rennen. Presseberichte, die in der WAZ, den Ruhr Nachrichten und der Recklinghäuser Zeitung erscheinen und honoriert werden. Unter den Texten steht sein Name.

Trotz der vielen Aufgaben bleibt Werner Zeit, ein drittes Studium, Politik und Soziologie, in Bochum zu beginnen. Er will als politischer Journalist arbeiten, bewirbt sich bei Verlagen, Fernseh- und Radiosendern in der ganzen Republik. »Doch da liegen meine Bewerbungen auf der Halde und da liegen sie wohl immer noch.«

Es kommt der Tag, welcher der Karriere des Werner Hansch den richtigen Dreh gibt, der sein Leben für immer verändern wird. Es ist der 24. Februar 1973. Die Geschichte ist fast zu schön, um wahr zu sein. Doch 33 000 Zuschauer in der fast ausverkauften Schalker Glückauf-Kampfbahn könnten bezeugen, dass sich alles so abgespielt, wie es Werner mindestens 1000 Mal erzählt hat, und wir wollen sie immer und immer wieder hören – die Geschichte seines Debüts als Stadionsprecher, der überhaupt keine Ahnung vom Fußball und noch nie ein Spiel gesehen hat, geschweige denn selbst jemals gegen einen Ball trat. Werner kann die Geschichte in Lang- und

Kurzfassung schildern, aber eins bleibt: seine brillante Erzählkunst, alle seine Gefühle in mitreißende Worte zu packen: seine Unsicherheit, seine riesige Anspannung, seine Angst zu versagen, sich lächerlich zu machen.

Werner fährt zur Gelsenkirchener Trabrennbahn, will sich auf die Rennen des Nachmittags vorbereiten. Schon am Eingang fängt ihn Rennsekretär Hans Schneider ab, ein großer Schalke-Fan und Stadionsprecher der Königsblauen. Völlig aufgewühlt erklärt er Werner, dass ein Brand die Zwischentribüne beschädigt habe. Noch sei unsicher, ob die Rennen überhaupt stattfinden können. »Ich kann hier nicht weg, du musst mich als Stadionsprecher in der Glückauf-Kampfbahn vertreten.«

Gegenwehr zwecklos. Hans Schneider schiebt Werner ins wartende Taxi, das mit ihm zum Stadion braust. Noch sind es 60 Minuten bis zum Anstoß, aber die Menschenmassen rund um die Glückauf-Kampfbahn sorgen nicht dafür, den eh schon aufgeregten Werner zu beruhigen.

Nur mit Mühe findet er einen Ordner, der ihn zu Günter Siebert, dem Schalker Präsidenten, bringt. Der hat für alles Zeit, aber nicht für einen jungen Mann, der ihm als Erstes gesteht, dass er mit Fußball nichts am Kopf hat. »Junger Mann«, sagt der legendäre Oskar, »ich habe wirklich ganz andere Sorgen.«

Und die sind groß. Erst am Vortag hat der ehemalige Meisterspieler erfahren, dass mit Klaus Fichtel, Rolf Rüssmann und Herbert Lütkebohmert drei weitere Stars in den Bundesliga-Skandal verwickelt sein sollen. Zuvor sind schon Schalker Leistungsträger wie Klaus Fischer und Stan Libuda gesperrt worden. Oberstaatsanwalt Werner Kny hat insgesamt 14 Schalker des Meineids angeklagt. Jetzt geht es um die Existenz des ruhmreichen Vereins.

Werner ist der einsamste Mensch im Stadion, fühlt sich alleingelassen. Durch Zufall läuft er dem Platzwart über den Weg. Der Mann mit der Kreidekarre erklärt ihm, wie er zu seinem Platz kommt. Werner soll die knallrote Feuerleiter hochsteigen, über die Mauer klettern und sich auf einer Holzbank zwischen die Zuschauer quetschen; es ist ein ganz normaler Sitzplatz, auf dem ein Mikro liegt.

Zehn Minuten vor dem Spielbeginn drückt ihm ein junger Mann einen Zettel in die Hand. Auf das Blatt hat irgendjemand mit der Hand Namen und Zahlen gekritzelt. Es sind die Aufstellungen beider Mannschaften. Erst jetzt erfährt er, wer heute auf Schalke zu Gast ist: ausgerechnet der große FC Bayern München mit all seinen Starspielern. Doch Werner kennt auf dem Papier nur einen Namen: den von Franz Beckenbauer.

Werner schwitzt, wird immer nervöser, der Countdown läuft, einige Spieler in blauen und rot-weiß gestreiften Trikots sind schon auf dem Rasen. Jetzt muss ich loslegen, denkt er und schon bei seiner Begrüßung geht ein Raunen durch die Reihen:

»Guten Tag, meine sehr geehrten Damen und Herren ...«

... so ist er es von der Rennbahn gewohnt. Er kann nicht wissen, dass Hans Schneider immer nur »Achtung, Achtung!« ins Mikro ruft. Sehr geehrte Damen und Herren gibt es im derben Männersport nicht. Und auf Schalke schon gar nicht.

Der zweite Fehler folgt sogleich. Statt erst die Aufstellung der Gästeelf zu verlesen, beginnt Werner mit der Schalker Mannschaft. Und wie: »Mit der Startnummer 1: Norbert Nigbur ...« Die Startnummer 2 und 3 gehen schon im Gelächter der Fans unter. Noch nie hat ein Stadionsprecher sie so witzig informiert, sie amüsieren sich über den Gag, der keiner ist.

›Der Spaßvogel will uns wohl in schlechten Zeiten aufmuntern‹, denken nicht wenige. Wer ahnt schon, dass ein völlig Ahnungsloser heute mit schweißnasser Hand krampfhaft das Mikro umklammert.

Das Spiel endet unentschieden. Uli Hoeneß bringt die Bayern mit 1:0 in Führung, Schalkes Rechtsaußen Peter

Ehmke köpft den Ausgleich. Werner ist das Ergebnis völlig egal, er will nur noch raus aus dem Stadion und im Erdboden versinken. Zum Schluss sagt er ins Mikro: »Wir würden uns freuen, Sie bald wieder hier begrüßen zu dürfen.« Und insgeheim denkt er: ›Aber ohne mich!‹

Zufall, Fügung. Werner klettert die Feuerwehrleiter hinunter. Die Füße berühren gerade den Betonboden, da trifft er auf Günter Siebert. Er kommt aus der Heimkabine, geht an dem jungen Mann vorbei, bleibt dann doch noch stehen, dreht sich um – und lobt ihn: »Das haben Sie aber nett gemacht.« Was der Präsident ihn dann fragt, macht Werner erst recht sprachlos. »Wollen Sie das nicht immer machen?« Werner will Hans Schneider nicht den Job wegnehmen. »Herr Siebert, das geht nicht.« Doch der Präsident lässt nicht locker, verspricht, mit Schneider zu sprechen. »Der kriegt eine Dauerkarte, mehr will der doch gar nicht.« Werner sträubt sich immer noch, bis ihn Oskar Siebert endgültig überredet: »Sie kriegen auch Honorar.«

»Damit war ich wohl der erste Stadionsprecher in Deutschland, der Geld bekommen hat«, erinnert sich Werner heute. »Und ich bin sicher, andere Kollegen in der Bundesliga hätten wohl noch Geld mitgebracht, nur um auf Schalke quasseln zu dürfen.«

Günter Siebert und er werden sich nicht mehr aus den Augen verlieren, auch als sich der ehemalige Vereinsboss auf der Sonneninsel Gran Canaria eine neue Existenz aufbaut. Im Ferienort Playa del Inglés betreibt er ›Oskars Pub‹. Die Kneipe ist bei deutschen Urlaubern, besonders natürlich bei königsblauen Fans, sehr beliebt.

Mehrmals besucht Werner das Schalker Original auf der Kanaren-Insel. Zum 70. Geburtstag hält er die Laudatio, schenkt ihm ein gerahmtes Foto, das den Reporter bei der Telestar-Verleihung zeigt. Auf das Foto schreibt er: ›Danke, Oskar, ein Teil von dem Preis gehört auch dir. Du hast mich zum Fußball gebracht.‹ Werner hat nicht vergessen, wer seine

Karriere ins Rollen brachte – vom Stadionsprecher zum Fußballreporter.

Am nächsten Tag ist der Deal perfekt. Werners Vorgänger ist nämlich begeistert. »Endlich kann ich mir die Spiele meiner Schalker in Ruhe angucken«, sagt Hans Schneider. »Und du musst quasseln. Das kannst du ja.«

Werners markante Stimme hören nun nicht nur die Fans der Königsblauen. Auch die WDR-Legende Kurt Brumme, der Sportchef der Hörfunk-Redaktion, wird neugierig auf den Stadionsprecher, der sein Debüt verpatzte.

Kapitel 5
Sucht
Geheimnis unter Sofakissen

Das Wettfieber wächst, bestimmt seinen Alltag, sein Leben, seine Gedanken im Kopf. Er lebt im Rhythmus der Sucht, der Lügen: Geld abheben, nach Recklinghausen fahren, wetten, verlieren, ab nach Hause und seiner Moni die heile Welt vorspielen, gute Miene zu seinem betrügerischen Spiel machen.

Ungeduldig wartet er ab, bis sie zu Bett geht. Dann studiert er die Rennprogramme für den nächsten Tag, die er hinter den Sofakissen versteckt hatte, wählt seine Favoriten aus, immer bereit, die Listen unter den Kissen verschwinden zu lassen, wenn Moni überraschend ins Wohnzimmer zurückkehrt.

Kreativ wie er ist, erfindet er immer neue Ausreden, wofür er seine Freizeit braucht: für Treffen mit Kollegen und Freunden, für Moderationen und andere Aufträge, für Fahrten nach Recklinghausen, um sein Postfach zu leeren. Keine Ausrede ist ihm zu peinlich, zu billig. Werner hat nicht den Hauch von Gewissensbissen, noch nicht.

Deutsche Pferderennen interessieren Werner nicht, sie finden ja hierzulande nur einmal die Woche statt; wen die Sucht packt, der will jeden Tag zocken. Er wettet ausschließlich auf Pferde in England, Irland und Frankreich, kauft sich Fachblätter, die sich in diesen Ländern auf Pferderennen spezialisiert haben. Er hält sich für einen Experten, der bisher nur Pech hatte, weil die Zossen nicht so laufen wie geplant.

Und wettet weiter, immer weiter; und immer noch verschwendet er keinen einzigen Gedanken daran, spielsüchtig zu sein. Ausgerechnet er, der so viele Süchtige kennt, auch ihnen zur Seite steht und Mut macht. Er moderiert eine Talkshow mit Fußballnationalspieler Uli Borowka, der dem Alkohol verfallen war, sitzt neben Christoph Daum und leitet die legendäre Pressekonferenz, in welcher der Trainer seine Kokainsucht eingesteht, nicht aber den nötigen Ernst zeigt. Werner ahnt schon am Abend, dass die gesamte Journaille über den Mann, der Nationaltrainer werden wollte, herfallen wird.

Es ist eine teuflische Sucht, die sogar Gewinner verlieren lässt. »Wenn meine Favoriten vorne lagen, bekam ich eine breite Brust. Ich war dann stolz aufs Pferd, stolz aber auch auf mich. Da laufen 14 Pferde und meines gewinnt.«

Und im Stillen denkt Werner: ›Ich habe es ja gewusst. Die anderen Trottel, die auch hier herumstehen, sind einfach zu dumm.‹ Wenn ihn schon kein anderer lobt, lobt Werner sich selbst, und wird später in der Therapie lernen, dass zum Charakter der Sucht auch der Hang zum übersteigerten Selbstwertgefühl passt.

»Siege waren Emotionen pur, ein ganz besonderes Prickeln, das ich früher nur spürte, wenn ich ein Champions-League-Spiele kommentierte oder in der 90. Minute ein Tor bejubeln durfte«, schwärmt er. Das Hochgefühl des Sieges und Glücks, die Bestätigung, man kann es doch, waren ihm wichtig gewesen, sogar wichtiger als die Höhe des Gewinns. Nun gut: Das Geld wird er sowieso im nächsten Rennen verspielen.

Werner braucht diesen pulsierenden Nervenkitzel, die angespannte Atmosphäre im Wettbüro, den Blick auf die Bildschirme, wenn das Rennen startet. Er ballt die Hände, sieht seinen Favoriten, wie er Meter für Meter Boden gutmacht, wie er sich in der letzten Kurve an zwei Konkurrenten vorbeischiebt. Er fühlt förmlich die Kraft, die Luft, den Siegeswillen des Pferdes, das an dritter, vierter Stelle in die Schlussgerade einbiegt, auf der Außenbahn das Tempo verschärft.

Nun der Schlussangriff. Sein Pferd strotzt vor Energie, ist mittlerweile an zweiter Stelle, hat Wind unter den Flügeln. Es galoppiert in mächtigen Sprüngen an den Führenden heran, überholt ihn ... und gewinnt mit halber Länge. Werners Hände klatschen, angetrieben von der Euphorie, dem Hochgefühl des Siegers, der nur flüchtig auf die Quote schaut. Wichtiger ist ihm der nächste Tipp auf dem Wettzettel, der Gang zum Schalter. Der nächste Start.

Heute ist sein Tag!

Noch fällt Moni, 30 Jahre lang seine Lebensgefährtin, nicht auf, dass ihr Werner ein Vermögen verzockt. Er plündert erst das Festgeldkonto, reizt dann das Girokonto bis zur Schmerzgrenze aus. In besseren Zeiten, als SAT.1 unaufgefordert sein Jahresgehalt einmalig um 30 000 D-Mark aufstockt, hat ihm die Commerzbank einen Dispo von damals 25 000 D-Mark gewährt; das ist später auch zu Euro-Zeiten ein beachtlicher Kredit.

Wie Werner später sagen wird, ist er jetzt auf dem besten Weg, die rote Linie zu überschreiten. Es ist die Grenzlinie, auf der anderen, der gefährlichen Seite lauert die Sucht, die Krankheit, das Verderben. Erst verspielst du nur Geld, das du auf dem Konto hast, dann gehst du an gespartes Geld, das verplant ist für Anschaffungen, für Reisen. Danach verschuldest du dich, bettelst Freunde an, bist zum Schluss so besessen, dass dir die Folgen egal sind. Du verlierst die Kontrolle über die Situation, über dein Leben, über dich selbst.

Du bist verzweifelt. Du bist krank. Du bist süchtig. Und willst es nicht wahrhaben. Und irgendwann, da nimmt dir die übermächtige Kraft der Sucht die letzte Scham, die letzte Hoffnung. Du sitzt auf dem Sofa deines Wohnzimmers, denkst an die Sinnlosigkeit des Seins. Du denkst, dass du dieses Leben nicht mehr ertragen willst. Du denkst an Suizid.

Werner weiß, dass er seiner Moni unrecht tut, ja, sie ständig belügt und betrügt. Aber er macht einfach weiter. Morgen, da ist ja ein neuer Tag und da wird er wieder die Tür aufmachen zum Buchmacherbüro, zum Schalter. Nur noch die Glasscheibe zwischen ihm und der Mitarbeiterin trennt Werner von der Glückssträhne. Die Wende ist zum Greifen nah, er sieht sie förmlich. Er sieht die Kasse, aus der nach dem Rennen sein Gewinn ausgezahlt wird.

Doch in der Glasscheibe spiegelt sich nur das Bild eines Mannes, der sein großartiges Leben verpfuscht.

Und Moni? Irgendwann, das ist Werner sogar im Suchtfieber klar, wird sie seinen Schwindel entlarven – doch noch hat er keine Angst, dass alles auffliegt. Bis dahin wird er doch das Glück auf seiner Seite haben. Wenn es einer verdient hat, dann doch er, oder?

Den Moment, in dem seine Frau, die er liebt, ihre Konsequenzen zieht und für immer geht, wird Werner sein Leben lang nicht vergessen.

Irgendwann wird er sagen. Ich habe nicht nur mein Vermögen verloren, ich habe auch meine Liebe verspielt. Aber da ist es zu spät.

Der 18. Mai 2012. Ein schrecklicher Tag. Werner ist mit seinem Audi unterwegs, er will im Supermarkt einkaufen. Nach 200 Metern ist die Fahrt zu Ende. Werner hat höchstens 50 km/h auf dem Tacho, als plötzlich vor ihm ein Polo auf dem Parkstreifen anfährt, die ältere Dame am Steuer will ihren Wagen auf der Straße wenden. Werner kann mit seinem Auto nicht mehr ausweichen, macht eine Vollbremsung, doch es kommt zum Crash, sein Fahrzeug prallt in die Fahrerseite des Polos. Der Audi steht in Fahrtrichtung, der andere Wagen quer auf der Straße.

Werner kümmert sich sofort um die zierliche Person, die zittert, wohl geschockt ist. Er versucht, sie zu beruhigen, ruft Passanten zu, sofort Notarzt, Feuerwehr und Polizei zu rufen. Aus dem Haus am Unfallort kommen eine Frau und ein Mann. Wie Werner später erfährt, sind es die Tochter und der Schwiegersohn der älteren Frau, die ins Krankenhaus gebracht wird.

Werner ist aufgewühlt, fährt abends zu dem Haus, klingelt an. Er will wissen, wie es der Dame geht. Der Schwiegersohn öffnet die Tür und sagt nur einen Satz, der Werner erschüttert.

»Herr Hansch, meine Schwiegermutter ist gegen 17 Uhr im Krankenhaus verstorben.«

»Es war einer der fürchterlichsten Momente meines ganzen Lebens. Obwohl mich keine Schuld traf, hatte ich einen Menschen in den Tod befördert.« Die Frau war an inneren Verletzungen gestorben.

Werner steht fassungslos an der Tür, muss von dem Mann beruhigt werden. »Machen Sie sich keinen Vorwurf. Sie sind nicht schuld an dem Unfall.«

Die Hinterbliebenen stimmen seinem Wunsch zu, mit zur Beerdigung zu gehen. So kann er sich am Grab von der Frau verabschieden. Er hält Zwiesprache mit ihr. Was er ihr sagt, wird er nie verraten.

Zwei Monate später teilt sein Anwalt ihm mit, dass die Polizei das Ermittlungsverfahren eingestellt hat, was Werner nicht überrascht. Trotzdem denkt er noch oft an den Polo, an die ältere, zitternde Dame, an ihr Grab. Es sind schreckliche Bilder, die ihm nicht aus dem Kopf gehen.

Kapitel 6
Leben
Die Stimme des Ruhrgebiets

Kaum zu glauben, aber Werner Hansch bekommt kalte Füße. Nein, nicht weil er gleich das Spiel Borussia Dortmund gegen Eintracht Frankfurt kommentieren soll; nach 14 Jahren am WDR-Mikro kann den alten Hasen kaum noch etwas nervös machen. Der Meister der Worte bekommt wirklich kalte Füße, weil es in seiner Reporterkabine im Westfalenstadion zieht wie Hechtsuppe. Ein Profi wie er weiß sich zu helfen, legt selbst

Hand an. Er zerrt den Vorhang zwischen Radio- und Fernsehkabine von der Stange ab und stopft damit das Loch in der Seitenwand, durch das der Wind faucht.

Willkommener Nebeneffekt: Nun kann Werner Hansch ungehindert auf den Monitor von Sportschau-Kollege Wilfried Luchtenberg schauen. Besser ist besser: War Frank Mill beim Torschuss wirklich im Abseits? Hätte BVB-Torwart Teddy de Beer den Schlenzer von Stefan Studer nicht abwehren können? Ein Check per TV-Zeitlupe hilft auch Radioreportern.

Längst hat sich Werner mit seiner markanten Stimme und seinem schlagfertigen Wortwitz einen Namen gemacht; er ist der Kult-Sprecher der Bundesliga, der sich mit immer neuen Wortschöpfungen nicht nur in die Herzen der Fußballfans zwischen Dortmund und Schalke dribbelt. »Mensch, Frankieboy, das Ding muss doch drin sein«, stöhnt er ins Mikro, und die Hörer fühlen: Der Hansch ist mittendrin im Strafraum, er kickt, er kämpft, er fordert den Ball, er schießt und schreit und spricht so wie wir: »Mein lieber Scholli, was für ein Tor!«

Aber alles von Anfang an. Kurt Brumme, der große Mann des WDR-Hörfunks, hat 1978 das richtige Näschen. Er entdeckt das Sprachtalent Werner Hansch für seine Sportredaktion. Schnell macht sich Werner als Rundfunkreporter einen Namen. Nur der von ihm sehr geschätzte Kollege aus Bayern, Gerd Rubenbauer, rollt das R so schön kratzig wie er, wenn er von seinem Gespräch vor dem Anpfiff mit Frankfurts Coach Drrrragoslav Stepanovic erzählt; kein anderer streut so gekonnt, so einfühlsam kleine Beobachtungen von ausflippenden Trainern am Spielfeldrand ein.

Werner langweilt uns nicht mit glatten, sauber formulierten Sätzen. Spontan, schlagfertig, temperamentvoll sprudelt es aus ihm heraus, manchmal reicht ein Wort, ein Halbsatz, ein Aufschrei, um dann doch zu schweigen, um die Luft, die Dramatik aus dem Spiel zu nehmen für sachliche Analysen und Kommentare: Werner Hansch, der Sportsmann: immer fair, aber auch kritisch, nie verletzend.

Und nicht ohne Fehler, was ihn so menschlich macht. Er fährt nach Österreich, wo die Kölner gegen Wacker Swarovski Innsbruck in der ersten Runde des Europapokals der Pokalsieger anzutreten haben. Die Rheinländer kennt Werner aus dem Effeff, aber von Wacker weiß er nichts, aber auch gar nichts. Er sucht Hilfe bei einem Kollegen vom österreichischen Rundfunk, und der erzählt ihm vom Verein und Trainer, stellt ihm die Spieler vor und hält von einem überhaupt nichts: dem Ersatztorwart mit der Nummer 20. »Wenn der eingewechselt wird, gewinnt Köln zweistellig.«

Diese Worte gehen Werner nicht aus dem Kopf, er gibt sein Wissen Wilfried Luchtenberg weiter, der an diesem Abend für den WDR die Begegnung im Fernsehen kommentieren wird. Die Kabine, die sie sich teilen, ist so winzig, dass die TV-Zuschauer jedes Wort von dem Radio-Reporter hören würden. Kein Geringerer als der beliebte und renommierte WDR-Redakteur Addi Furler eilt zur Hilfe, besorgt aus dem Stadionkeller einen alten Teppich, der als Schallschutz dienen soll.

Zur Halbzeit steht es 0:0, die beiden Kollegen gehen auf die Tribüne, um Luft zu schnappen. Es ist ein diesiger, verregneter Abend, da fällt ihnen das leuchtend-gelbe Torwarttrikot mit der Nummer 20 natürlich sofort auf, als die Innsbrucker Spieler aus der Kabine kommen.

Werner und Wilfried Luchtenberg wiegen die Kölner Fans daheim am Radio und vor dem Fernseher in Sicherheit. Mit diesem Keeper im Tor kann nichts mehr schiefgehen. Doch was geschieht: Der Innsbrucker Torwart hechtet, faustet, hält, was eigentlich nicht zu halten ist. In der 71. Minute gehen die Gastgeber sogar mit 1:0 in Führung.

Werner ist fast sprachlos, versteht seine Fußball-Welt nicht mehr. Dann die 90. Minute, die letzte Aktion. Ecke für Köln. War es Paul Steiner oder Klaus Fischer? Jedenfalls fliegt nach einem wuchtigen Kopfball die Kugel genau in Richtung Torwinkel, Werner hat den Torschrei auf den Lippen. Doch wieder ist der Keeper mit dem gelben Trikot und der Nummer 20 zur Stelle, fischt den Ball aus dem Eck. Aus, Abpfiff. Innsbruck gewinnt mit 1:0.

Werner fährt direkt zum Hotel, sein Kumpel muss zur Pressekonferenz, stellt dem Innsbrucker Trainer eine Frage, die im Gelächter der anderen Journalisten untergeht: »Warum hat der Torwart mit der Nummer 20 nicht von Anfang an gespielt? Der war doch weltklasse.«

Als der Coach antwortet, hätte sich Luchtenberg vor Scham am liebsten unter dem Tisch versteckt. »Der Schiedsrichter war in der Halbzeit in unserer Kabine und hat gefordert, dass unser Torwart das Trikot tauscht. Es würde sich mit seinem Trikot, das er in den ersten 45 Minuten getragen hat, zu wenig von den Feldspielern abheben. Wir hatten aber nur das Trikot vom Ersatzmann.«

Am Flughafen wundert sich Werner, dass Wilfried so geknickt wirkt. Minuten später erfährt er es.

Zwei Wochen später werden die Kölner im eigenen Stadion die Österreicher mit 7:1 vom Platz fegen.

Nur dem Fußball und der Bundesliga Werners Stimme zu geben, ist dem WDR zu wenig. Fortan kommentiert Werner Hansch auch Reitwettbewerbe, ohne dass er jemals auf einem Pferd gesessen hat. Aber Fußball hat der Reporter ja auch nie gespielt – selbst auf der Straße und auf Bolzplätzen jagt Klein-Werner keiner Lederkugel hinterher. »Ich wusste nur, wie ein Pferd aussieht«, scherzt er.

Bald weiß er mehr, kann zu fast jedem Dressur- und Springpferd, zu den meisten Reiterinnen und Reitern eine Geschichte erzählen. Bei großen Turnieren sitzt er am Mikro, nicht nur bei seinem Debüt in der Dortmunder Westfalenhalle, natürlich auch auf der Aachener Soers, beim weltweit wichtigsten Reitsportevent, dem CHIO mit 40 000 Zuschauern im ausverkauften Hauptstadion. Sechsmal wird er die Vorzeige-Veranstaltung mit Weltklassereitern für den WDR kommentieren. CHIO und Werner Hansch gehören zusammen wie der Sattel zum Pferd.

Der Hörfunk-Mann muss zum Internationalen Reitturnier nach Göteborg. Auf dem Düsseldorfer Flughafen läuft ihm ein alter Bekannter in die Arme: Hermann Gerland, einst knallharter Verteidiger des damals unabsteigbaren VfL Bochum in der Bundesliga; die Fans nennen ihn liebevoll Tiger, weil er wie ein Raubtier mit gesenktem Kopf den Stürmer so lange attackiert, bis er ihm den Ball abgenommen hat. Schon lange verstärkt er das Trainerteam des großen FC Bayern München, noch nie hat er ein Stück Papier für einen Vertrag benötigt; es gilt sein Handschlag mit Uli Hoeneß.

Hermann Gerland, der Westfale, wird selbst von den Bajuwaren geschätzt. Mit dem Blick für Talente fördert er Sebastian Schweinsteiger, Thomas Müller und Philipp Lahm, die späteren Weltmeister von 2014 in Brasilien. Immer wenn es beim deutschen Serienmeister nicht rund läuft, holten ihn Uli Hoeneß und Karl-Heinz Rummenigge wieder auf die Bank zurück. Mit ihm als Co-Trainer, unter anderem von Pep Guardiola und Hansi Flick, feiern die Bayern Titel am Fließband.

Hermann Gerland, zu dieser Zeit Scout der Münchner, fliegt mit Werner nach Schweden. Über den Wolken verrät er dem Reporter, dass er am Abend im Auftrag von Uli Hoeneß den Libero des IFK Göteborg unter die Lupe nehmen soll; er weiß, dass Werner die Info vertraulich behandelt. Werner erzählt ihm, dass er das heutige Springreiten kommentiert.

Der Tiger wird hellhörig, denn »Pferde sind meine große Leidenschaft nach dem Fußball und meiner Frau«. Ob denn auch John Whitaker mit seinem Schimmel Milton starten würde, fragt er. Milton sei sein Lieblingspferd, er bewundere seine Sprungkraft, seine Schönheit, seine Eleganz.

Als Werner, wie immer bestens vorbereitet, die Teilnahme bestätigt, wird Hermann Gerland verdächtig still. Auf dem Flughafen in Göteborg lässt der Trainer dann die Katze aus dem Sack. Er hätte es sich überlegt, er würde Werner gerne zum Springreiten begleiten.

Wie auch immer es Hermann Gerland geschafft hat: Er will an diesem Abend beide gesehen haben: sein Wunderpferd Milton und irgendwann auch den talentierten Fußballer.

John Whitaker hat mit Milton das Springen nicht gewonnen. Und der Libero aus Göteborg ist nie in München angekommen.

Ein sportlicher Höhepunkt seiner Laufbahn: Werner darf 1988 zu den Olympischen Spielen in Seoul. Bravourös nimmt er mit den deutschen Reitern jede Hürde auf dem Weg zu vier Goldmedaillen.

Umwerfend, mitreißend, wie er den Goldritt von Dressurreiterin Nicole Uphoff kommentiert. Wie er die ganze Spannung, Konzentration, die Stille, die Einsamkeit des Paares in seine sanfte Stimme packt, ein Pferdeflüsterer am Mikro: »Ach, da kommt sie, reitet direkt auf mich zu. Nicole Uphoff, die neue Königin der Dressur, mit ihrem Rembrandt, diesem wunderbaren Wallach. Was für ein Traumpaar! Die beiden, sie scheinen ins Viereck zu schweben, so leicht, so anmutig ... und jetzt nur noch eine Piaffe, eine Traversale ... Das ist Kunst im Viereck, das ist Dressur in Vollendung ... nur noch einige Schritte, dann ist es geschafft. Ist es Gold? Ja, es ist Gold. Gold für Deutschland!!!! Zurück ins Studio.«

Elisabeth Bauschmid, Feuilleton-Redakteurin der Süddeutschen Zeitung, ist fasziniert von Werner und widmet ihm ihren Artikel mit der Überschrift: Die Kunst der Worte in bildersüchtigen Zeiten. Der letzte Absatz des Textes sei hier zitiert:

»Eine olympische Sondermedaille sei dem Hippologen Werner Hansch verliehen, dem Piaffen-, Pirouetten- und Stimmkünstler. Oh, oh, ringt er es verzweifelt aus seiner Brust, wenn Rembrandt, der doch so fabelhafte Figuren in den Sand malen kann, ein wenig einknickt, gerade vor dem Richter C; mit flüsterndem Timbre haucht Hansch sich durch die Traversalen, setzt munter (nun in der Stimme hell und spitz) und mit tollem Schwung aus der Hinterhand zum olympischen Gold. Und er freut sich diebisch, weil die drei Damen den Dr. Rainer Klimke einfach rausgeschubst haben aus der Wertung. So viel Begeisterung, so viel Enthusiasmus stecken an, machen das Radiohören zum Genuss.«

Bravo!

Hat er von Dressur und Springen zumindest Grundkenntnisse, so ist die dritte Disziplin im Military-Reiten für ihn absolutes Neuland: die Geländeprüfung, die Jagd der Pferde über Stock und Stein, eigentlich ein Stiefkind der Berichterstattung.

Doch Werner überrascht selbst die Ikonen des Reitsport-Journalismus Hans-Heinrich Isenbart und Hartmann von der Tann, die neben ihm auf der Tribüne sitzen, mit seiner Reportage über den verwegenen, kräftezehrenden Ritt von Claus Erhorn auf seinem Wallach Justyn Thyme. »Ich spürte, Reiter und Pferd waren erschöpft, ich hatte das Gefühl, ich muss beide mit meinen Worten ins Ziel tragen. Mit jeder Faser meiner Stimmbänder schob ich Pferd und Reiter über die letzten Meter der Strecke.«

Der verdiente Lohn für den fantastischen Ritt und die sensationelle Reportage: Die Mannschaft gewinnt Gold und Werner Hansch den Hörfunkpreis 1988 des Verbandes Deutscher Sportjournalisten.

1990 wird sein Jahr. Erst berichtet Werner Hansch über die Campionata Mondial di Calcio, die Fußball-Weltmeisterschaft in Italien, begleitet die deutsche Mannschaft um Lothar Matthäus und Jürgen Klinsmann auf dem Weg zum Endspiel, auf dem Weg ins Stadio Olimpico di Roma.

Die Begegnung ist nichts für Genießer. Die Deutschen sind überlegen, doch erst in der 86. Minute, nach einem zweifelhaften Foul an Rudi Völler, verwandelt Andreas Brehme den entscheidenden Strafstoß. Die Revanche für die Finalniederlage in Mexiko gegen die Gauchos aus Argentinien vor vier Jahren ist geglückt, Deutschland zum dritten Mal Weltmeister.

Werner trocknet die Tränen von Diego Maradona, er verfolgt mit Worten Meter für Meter den legendären Gang von Teamchef Franz Beckenbauer über den Rasen des Olympiastadions, er versucht die Gedanken des Kaisers in den Momenten seiner gesuchten Einsamkeit zu lesen. 16 Jahre später wird Beckenbauer die WM, unser Sommermärchen, nach Deutschland holen, und danach werden die Kritiker über ihn herfallen.

Werners Job kennt keine Verschnaufpause. Er kehrt nur zum Wäschewechseln nach Deutschland zurück und fliegt postwendend nach Stockholm zu den Reiterspielen. Erstmals kämpfen bei einer Weltmeisterschaft in allen sechs Reitsport-Disziplinen die Besten der Besten um die Medaille. Zu dieser Zeit arbeitet Werner immer noch als Geschäftsführer der Trabrennbahn Dinslaken und muss für den dreiwöchigen Einsatz in Schweden unbezahlten Sonderurlaub nehmen.

Am Ende des Jahres lockt eine neue Herausforderung. Heribert Faßbender holt ihn ins Sportschau-Team. Werner ist nun auch TV-Reporter, wagt den Doppelpass zwischen Radio und Fernsehen und geht an seine Grenzen.

Kapitel 7
Sucht
Die Rote Karte

Werner zockt weiter, immer weiter, immer weiter. Scheinbar magische Kräfte ziehen ihn nach Recklinghausen, zu den Wettschaltern. Seine Gedanken kreisen nur noch ums Spielen, um den sicheren Tipp, um die Wende. Heute, ja heute, ist der Tag für den großen Rücklauf, heute beginnt die Glückssträhne, heute haben meine Pferde den Kopf vorne.

Der Alltag mit normalen Besorgungen, die gemeinsamen Abendessen, die immer seltener werden, ihre Pläne für die Zukunft: Das ganze Leben mit seiner Moni fliegt irgendwie an ihm vorbei, wie ein Film, der ihn nicht interessiert. Alles perlt von ihm ab wie ein Tropfen von der eiskalten Champagnerflasche. Das Zuhören, das Konzentrieren, das Mitreden fällt schwer, weil er in einer Welt versinkt, die nur seine ist und nicht Monis. Seine Welt sind die Bildschirme im Buchmacherbüro, die Pferde, seine Pferde, die auf diesen Bildschirmen zum Sieg galoppieren, die innere Stimme, die ihm sagt: Es geht ja doch. Warum sollte diese Stimme ihn belügen?

Wobei: Manchmal, da gehen ihm schon Gedanken durch den Kopf. Mensch, Buchmacher Henry Kalkmann, dem die Zockerbude in Recklinghausen und andere Filialen gehören, muss eine Menge Kohle verdienen. Der lässt es sich auf Mallorca gut gehen und hat vielleicht eine unterirdische Leitung gebaut, damit sie ihm das Geld direkt auf die Insel durchschieben können, denkt Werner. Doch dann steht er wieder vor diesen Bildschirmen, den Wettzettel in der Hand, und die Hoffnung stirbt sofort, weil der Gaul nicht aus der Startmaschine kommt, und Henry Kalkmann ist ihm jetzt völlig egal.

Nur ganz selten, da spürt er, dass es nicht gut läuft mit ihm und seiner Moni, da steht er kurz davor, die Zockerei zu beichten, weil er das Doppelleben schäbig findet, weil er nicht fair zu ihr ist. Da rutschen ihm Sätze heraus wie »Du bist viel stärker als ich« oder »Ich habe Dich lieb«. Es sind Sätze, die er sagt, um vielleicht ein Gespräch in Gang zu bringen, um ihr zu gestehen, dass seit Monaten, Jahren nichts mehr so ist, wie es war. Er könnte ihr von dieser unglaublichen Pechsträhne erzählen, um Verständnis bitten. Es sind ungenutzte Momente, vertane Chancen, doch noch rechtzeitig reinen Tisch zu machen.

Zeit für stundenlange Gespräche, Lust auf nervende Streitereien und Querelen hat Werner eh nicht. Ihn quält ein ganz anderes, ein neues Problem. Die Sucht frisst Geld, Tag für Tag wie ein gierig-hungriges Ungeheuer auf der Jagd nach Beute. Das Vermögen auf dem Konto hat das Wettfieber schon verschlungen. Jetzt plündert Werner das Girokonto, reizt den Überziehungskredit von 25 000 Euro bis auf den letzten Cent aus. Doch irgendwann spielt die Commerzbank nicht mehr mit. Werner muss einen regulären Kredit aufnehmen mit für ihn horrenden elf Prozent Zinsen.

Werner, verwöhnt von besseren Zeiten, mit Hunderttausenden im Plus, versteht die Welt nicht mehr, ist fassungslos, wütend, stellt den Filialleiter zur Rede. Als Kunde verweist er auf die PR-Aktion der Bank: Zeigt den hohen Zinsen die Rote Karte.

Doch der Mann, der ihm gegenübersitzt, zuckt nur mit den Schultern, und Werner macht das, was andere in seiner Situation auch machen, weil Sucht keine Gerechtigkeit kennt: Er gibt anderen die Schuld und wird es fortan immer wieder machen. Schuld sind immer die anderen: Freunde, die ihm kein Geld mehr leihen, Banken, die ihm die Pistole auf die Brust setzen, Journalisten, die seine Tragödie recherchieren und ihn unter Druck setzen. Und das Glück sowieso, das vor ihm wegläuft wie der siegreiche Zosse vor seinem Geheimtipp.

Aber so weit sind wir noch nicht. Werner ist viel zu intelligent, um nicht zu registrieren, dass er bald auf dem Trockenen sitzen wird, sich irgendwie Geld beschaffen muss. Denn die Konten sind leer, die Zinsen erdrückend, die Kosten für Haus und Auto laufen weiter – aber die Pferde auch. Und auf dieses eine richtige Pferd wird er weiterhin setzen, koste es, was es wolle. Aber wie soll das gehen mit gerade noch 3,50 Euro in der Tasche?

So viele Sorgen und Probleme lenken ab vom zwanghaften, ständigen Geheimhalten, 24 Stunden am Tag. Sie kosten Kraft, machen müde, leichtsinnig – und lange wird es nicht mehr dauern, und Werner wird für seine Lügen, seinen Betrug, das Liebste verlieren, was er eigentlich hat: seine Moni.

Kapitel 8
Leben
Die Sportschau

Ende 1990. Das Telefon klingelt – es ist ein Anruf, der seine Karriere verändern wird. Heribert Faßbender, Chef der ARD-Sportschau, fragt an, ob sich der Kollege vom Hörfunk vorstellen kann, Fußball-Bundesliga fürs Fernsehen zu kommentieren. »Wir können es ja mal versuchen«, antwortet Werner und bekommt sofort seinen ersten Auftrag für den nächsten Samstag. Die Fortunen aus Düsseldorf treffen auf

Borussia Mönchengladbach; es ist ein besonderes Spiel, weil Fortuna-Trainer Alexander Ristic sein Team zum letzten Mal betreuen darf. Danach wechselt er zu den Schalkern, aber auch da bleibt der Erfolg aus.

Werner, der Fuchs, kann eins und eins zusammenzählen. Kurz vorher hatte Reinhold Beckmann, damals in Diensten der Sportschau, ihn, den 20 Jahre älteren Reporter, im Presseraum von Bayer Leverkusen zur Seite genommen und um einen vertraulichen Rat gebeten. Er habe ein Angebot von Premiere, dem heutigen Sky Deutschland, er könne dort Sportchef werden. Was würde Werner an seiner Stelle machen? »Ich kann dir nur sagen, zwischen was du dich entscheiden musst. Bei der Sportschau bist du ein Reporter mit einem relativ überschaubaren Einkommen, dafür hast du aber zehn Millionen Zuschauer. Bei Premiere bist du Chef, hast ein beachtliches Gehalt, dafür aber sicherlich nicht mehr als 150 000, die euch sehen wollen.«

Reinhold Beckmann, das war jetzt klar, hat sich fürs Geld entschieden. Werner konnte damals nicht ahnen, dass er 1992 ebenfalls vor genau dieser Entscheidung stehen würde.

Doch jetzt hatte Werner erst mal ganz andere Probleme. Der Samstag, sein Debüt in der Sportschau, naht, doch niemand meldet sich. Er wird – wieder einmal – ins kalte Wasser geschmissen, das kann ja heiter werden.

Zu allem Überfluss teilt ihn Dietmar Schott, der Wind von Werners Seitensprung bekommen hat, kalt lächelnd auch für die Radioreportage in Düsseldorf ein. Werner sagt nichts, ihm ist etwas mulmig. Kann das gut gehen?

Schon der Spielverlauf verlangt einiges vom Hörfunksprecher ab. Fortuna dreht nach einem schnellen 0:1-Rückstand den Spieß um, gewinnt überraschend deutlich mit 4:1. Werner ist in der Konferenz ein gefragter Mann gewesen, war ständig auf Sendung. Zeit zum Durchatmen bleibt nicht. Und nun stürmen zwei MAZ-Redakteure, die er zuvor nie gesehen hat, mit besorgten Gesichtern in die Kabine und fragen, welche Szenen er für den TV-Bericht herausgesucht hat.

Nur einen Moment ist Werner fassungslos, mehr Zeit bleibt ihm auch nicht. Keiner hat ihm gesagt, dass dies zu seinen Aufgaben gehört. Mit schnellen Schritten folgt er den beiden Männern quer über den Parkplatz zum Ü-Wagen. Mit der heißen Nadel stricken die Redakteure Christoph Pauly und Siggi Bembennek, die mit ihm später ein tolles Team bilden werden, einen rund zehn Minuten langen Film zusammen. Gerade noch rechtzeitig nimmt Werner vor dem Monitor im hinteren, engen Teil des Wagens Platz. Heribert Faßbender hat schon mit seiner Anmoderation begonnen und übergibt mit den Worten: »Heute ist für uns ein neuer Kollege in Düsseldorf im Einsatz: Werner Hansch.«

Und dieser Werner Hansch lässt sich nicht lange bitten, legt los mit einem Wortschwall, der nicht mehr zu stoppen ist. Werner macht Radio im Fernsehen, schildert jede Szene in aller Ausführlichkeit, kommentiert, was die Leute selbst sehen: Selbst jeden Einwurf und kleinsten Fehlpass beschreibt Werner und weiß nach dem Abpfiff: Das war heute ein Reinfall.

Aber ein Reinfall ohne Folgen. Fast zwei Jahre lang wird er fast jeden Samstag für Hörfunk und Fernsehen unterwegs sein, schon bald ist er aus der Sportschau nicht mehr wegzudenken; die Fans sind begeistert von seinem Sprachstil und -rhythmus im Einklang mit den Szenen, die er mit Fachwissen und Humor kommentiert. Seine Geistesblitze, ausdrucksstark in Worte verpackt, sind so genial, so überraschend, so begeisternd wie auf dem Rasen tödliche Pässe hinter die Abwehr.

Es sind natürlich anstrengende, stressige Zeiten, die mittlerweile an seiner Gesundheit zerren. Hinzu kommt, dass er als Geschäftsführer in Dinslaken vor großen Herausforderungen steht. Der Niedergang des Trabrennsports ist nicht mehr aufzuhalten, wirtschaftlich geht es den Bahnbetreibern schlecht, die das Wichtigste an die Betreiber von Zockerbuden verkauft haben, das sie besitzen: die Rennen. »Der Markt für Sportwetten explodierte, aber um die Rennen zu sehen und zu wetten, brauchten die Pferdefreunde nicht mehr zu einer Rennbahn fahren. Dafür lockten ominöse Wettbüros mit Liveübertragungen und Schaltern.«

Das Schicksal spielt Karussell: Werner verdient in diesen Jahren eine Menge Geld, das er Jahre später ausgerechnet mit seiner Zockerei verprassen wird.

In Wettbüros, die er einst ominöse Wettbüros nannte.

Kapitel 9
Sucht
Die Lügen-
geschichten

Es ist zum Heulen, zum Verzweifeln. Von der Bank hat Werner nichts mehr zu erwarten, da ist kein Cent mehr zu holen. Sein Konto bei der Commerzbank ist leer gefegt, der Kredit ausgereizt. Mehr noch: Werner weiß nicht einmal, wie er die horrenden Zinsen von elf Prozent aufbringen soll. Seine Rente reicht ja sowieso schon nicht mehr für das Nötigste.

Schon vor Jahren hat er begonnen, Bekannte und Freunde anzupumpen. Fast immer erzählt er die gleiche Lügengeschichte, mit verzweifelter Stimme, mit Tränen, die er nicht unterdrücken kann. Er habe am späten Abend, nach zwei, drei Gläschen Wein, auf der Rückfahrt von einer Veranstaltung mit seinem Wagen einen Unfall verursacht, Gott sei Dank nur mit Blechschaden.

Er habe den Geschädigten überreden können, die Polizei aus dem Spiel zu lassen. Stattdessen sei noch in der Nacht ein Anwalt eingeschaltet worden, um die Sache intern zu regeln. Nun müsse er bis 12 Uhr mittags die Kosten für den Anwalt, für den Schaden am fremden Auto bezahlen. Ansonsten würde die Polizei eingeschaltet, die Presse informiert.

Davor hat Werner, der Medienmensch, der die ungeschriebenen Gesetze seiner Zunft kennt, noch mehr Angst, panische Angst. Er hat den Spruch von Mathias Döpfner, Vorstandsvorsitzender vom Springer Verlag, verinnerlicht. »Für die BILD gilt: Wer mit ihr den Aufzug nach oben fährt, fährt mit ihr auch wieder nach unten«, sagt der Manager, als das Boulevardblatt mit seiner Berichterstattung dazu beiträgt, dass Christian Wulff nach seinen peinlichen Verfehlungen als Bundespräsident zurücktritt.

Zuvor hatte BILD die Karriere des Politikers mit bunten Geschichten gefördert. Fotos zeigen ihn, den etwas drögen Anwalt, mit seiner neuen Freundin am Ufer eines Sees. Beide sehen sehr verliebt aus.

Werner fürchtet die Hexenjagd in den Schlagzeilen, weiß, dass dann alles zusammenbricht: seine Karriere, seine verlogene heile Welt vom preisgekrönten Reporter, sein Leben.

Manchmal tischt er Freunden und Bekannten Geschichten von Steuerschulden auf, das müsse er schnellstmöglich mit seinem Finanzamt klären. In Wahrheit hat er seit Jahren überhaupt keine Steuern gezahlt für seine Gagen. Werner wirft Mahnungen ungelesen in die Tonne. Das wird sich später bitterlich rächen.

Die Geldgeber glauben, vertrauen ihm und zahlen. Sie wollen Werner helfen, weil Werner ja auch immer geholfen hat. Werner, die treue, ehrliche Seele, die kostenlos aufgetreten ist, wenn es um wohltätige Zwecke geht. Der so oft sein Netzwerk nutzt und Promis zu Auftritten überredet, die er dann ohne Honorar moderiert.

Erst ist es einer, der ihm Geld leiht, dann zwei, dann drei, zum Schluss mehr als 30, die ihm aus der Patsche helfen. Um nicht die Übersicht zu verlieren, führt Werner eine Liste, notiert Namen, Summen und das Datum, an dem er seine Schulden begleichen muss. Es sind Versprechen, die er nie einhält. Das weiß er schon, wenn die Gläubiger ihm das Geld in die Hand drücken.

Das geliehene Geld ist postwendend verbraucht, es reicht nur, um andere mit Anzahlungen zu beruhigen. Er übergibt das Geld meistens in bar, ohne Quittung und heimlich an irgendeiner Straßenecke. Werner stopft ein Loch mit dem anderen, und die Löcher werden immer größer. »Ich musste an Geld kommen, weil ich wusste, da laufen wieder drei, vier, die alle nicht verlieren können. Das Dumme war nur, die haben alle nicht gewonnen.«

Sein Druck ist so groß, »dass ich selbst den Papst angepumpt hätte, wenn ich ihm begegnet wäre«. Er nimmt all seinen Mut zusammen, besucht einen reichen, in der Sportszene sehr bekannten Unternehmer in seinem Büro, schaut aus dem Fenster auf riesige Produktionshallen. Er kennt den Konzernboss aus seiner Zeit als Radioreporter und kommt sofort zu seinem Anliegen. Er brauche dringend 20 000 Euro, er habe Schulden, die er heute noch zurückzahlen muss.

»Mir geht der Arsch auf Grundeis«, sagt er seinem Gegenüber, der ihm klarmacht, dass er noch nie privates Geld verliehen habe. Für Werner macht er eine Ausnahme. Kurze Zeit später haben seine Juristen einen Darlehnsvertrag über 20 000 Euro plus zwei Prozent Zinsen aufgesetzt. Werner unterschreibt, bekommt das Geld überwiesen, das nicht lange auf dem Konto bleibt. Der nächste Gläubiger wartet schon auf die Rückzahlung – und das Wettbüro auf seinen besten Kunden.

Diesmal hält Werner sein Versprechen. Der sehr erfolgreiche Geschäftsmann bekommt sein Darlehen in zwei Raten fristgemäß zurück. Er verzichtet auf die Zinsen.

Die Rente ist schnell verspielt, Werner hat nicht mal Geld, um die Rechnungen der Stadtwerke zu bezahlen, die irgendwann den Hahn zudrehen. Er sitzt drei Monate lang auf dem Trockenen, besorgt sich Wasser in Kanistern. Und fährt zu Restaurants, nur um auf die Toilette zu gehen.

Kapitel 10
Leben
Hansch Dampf in allen Gassen

1992 ist für Werner ein Jahr voller Überraschungen und Veränderungen. Nie im Leben hätte er sich vorstellen können, dass er Anfang März für die ARD den Kölner Rosenmontagszug kommentieren würde. Er meistert dies mit närrischer Bravour und einem kreativen Feuerwerk der Sprüche; noch während er die Stufen vom Übertragungswagen heruntersteigt, wird er für die Neuauflage im nächsten Jahr engagiert – aber dazu soll es nicht mehr kommen.

Schon im Januar erreicht ihn der Anruf von Medienberater Fritz Klein. Sein Auftraggeber SAT.1 hat für 610 Millionen Mark die TV-Rechte an der 1. und 2. Bundesliga erworben, der Vertrag gilt fünf Jahre. Nun soll Fritz Klein die neue Redaktion aufbauen, Werner ist der Wunschkandidat von Reinhold Beckmann, dem Chef von ran SAT.1-Fußball.

Der Medienberater lässt nicht locker, doch der Mann aus dem Westen bittet um Bedenkzeit, spielt auf Zeit. Natürlich erinnert er sich an das Gespräch mit Reinhold Beckmann, der sich für viel Geld, aber gegen ein Millionen-Publikum entschieden hat. Hinzu kommt: Werner liebt nichts so sehr wie die Arbeit fürs Radio. Er denkt auch an die Chance, für den WDR bei Olympischen Spielen und Weltmeisterschaften live mit dem Mikro dabei zu sein; das geht zur Zeit bei SAT.1 nicht.

Andererseits zehrt der Stress, fürs Fernsehen und Radio gleichzeitig im Einsatz zu sein und »nebenbei« als Geschäftsführer die schwierige Zukunft der Trabrennbahn zu gestalten, an der Substanz. »Lange hätte ich das nicht mehr durchgehalten, obwohl ich viel verdient habe. Rund 600 Mark für ein Spiel im Radio, rund 1000 Euro fürs Fernsehen, dazu mein Gehalt in Dinslaken. Da kam im Monat einiges zusammen.«

Fritz Klein schickt Werner einen lukrativen Vertrag und legt ihm ein interessantes Konzept vor: Er bietet Werner den Posten als Redaktionsleiter in Dortmund mit eigenem Büro und Sekretärin an; seine vier, fünf Mitarbeiter könne er sich selbst aussuchen.

Werner zögert mit der Unterschrift, fährt 1992 nach Schweden, um die deutschen Spiele bei der Fußball-Europameisterschaft zu kommentieren. Ob er ahnt, dass dies sein letzter Einsatz für die WDR-Sportredaktion sein wird?

Ausgerechnet Außenseiter Dänemark, nachgerückt für das vom Krieg gebeutelte Jugoslawien, qualifiziert sich für das Endspiel, die Dänen haben ihre Spieler aus dem Urlaub geholt. Trotzdem besiegen sie überraschend, aber verdient das pomadig aufspielende deutsche Team.

Nach dem Abpfiff und der Pressekonferenz verspricht ihm Heribert Faßbender, Himmel und Erde in Bewegung zu setzen, um den Verbleib beim WDR zu ermöglichen. Der Sportschau-Chef hält Wort, aber die öffentlich-rechtlichen Mühlen der Sender-Bürokratie mahlen zu langsam, seine Bewerbung verstaubt auf dem Schreibtisch eines Programmchefs.

Werner will und kann nicht mehr warten. Als ihm selbst Heribert Faßbender rät, zu SAT.1 zu wechseln, unterschreibt er den Vertrag.

Eigentlich sollte Werner Hansch auch noch für die ARD über die Reitsport-Wettbewerbe bei den Olympischen Spielen 1992 in Barcelona berichten. Doch Michael Nowak, Pressechef von SAT.1, meldet den Neuzugang des Kommentators Werner Hansch schon zwei Wochen, bevor Werner seine Unterschrift unter den Vertrag setzt. Die ARD-Sportchefs sind sich einig, dass der scheidende Reitsportexperte trotzdem nach Spanien fliegen soll, doch 11 von 14 Programmdirektoren stimmen gegen seinen Einsatz. Werner ist tief enttäuscht und natürlich sauer auf den »Hornochsen Nowak«. Immerhin bewirkt sein Fall ein Umdenken der ARD-Macher. Ab sofort sollen nur die besten Leute zu Großereignissen geschickt werden, auch wenn sie zuvor gekündigt haben.

Aus dem freiberuflichen Hörfunk-Reporter und TV-Kommentator bei der öffentlich-rechtlichen ARD wird der festangestellte neue Star eines Privatsenders. Es ist Zeit für eine neue Ära, Zeit für neue Abenteuer.

Der erste Knaller: Schalke spielt in Nürnberg, führt mit 3:1, muss den Vorsprung gegen anstürmende Franken verteidigen. Kurz vor dem Abpfiff kontern die Königsblauen, und Mike Büskens wuchtet den Ball ins rechte obere Toreck. Ein Traumtor, ein Hammer-Treffer, Wahnsinn. Das ist die Entscheidung.

Die neue Bundesligashow ran von SAT.1 läuft bereits, Werner ist erst später an der Reihe. Der Reporter hört zuvor in die Reportagen der Kollegen hinein, bekommt mit, wie sie nur halb so herrliche Treffer wie den von Mike Büskens mit Gefühlsausbrüchen feiern. »Was für ein Tor«, rufen sie in ihr Mikro.

Wie immer hat Werner sich nichts aufgeschrieben, auch nichts geplant. Er kann auch auf keinen Teleprompter schauen, der ihm den Text anzeigt; er reagiert spontan, schlagfertig, das ist ja sein Markenzeichen. Ein Talent, ein Können, das ihn so einzigartig macht.

In seiner Reportage schwärmt er von Büskens' Tor, mehr aber auch nicht. Doch die Szene geht ihm nicht aus dem Kopf. Der Schuss aus 20 Metern Entfernung, der Ball, der direkt im Winkel landet. Das ausgebeulte Tornetz. Es ist mit Abstand das schönste Tor des Spieltages. »Dann kam die Zeitlupe, und es rutschte mir halt so raus«, erinnert er sich an seinen Wortrausch und ist von keinem mehr zu stoppen: »Ein geiles Tor!«

Nie zuvor hat er die Genialität eines Treffers so temperamentvoll, so treffend in nur drei Worten geschildert, doch der Wirbel ist natürlich gewaltig. Das geile Tor spaltet die Nation. Viele können sich daran nicht satthören, schmunzeln über Werners gewagten Wortwitz. Sprachwächter dagegen wollen Werner ins Abseits stellen. Bestimmt reagieren seine Kritiker nicht begeistert, als Werner, ihr ungeliebter Werner Hansch, im Januar 1994 für den renommierten Grimme-Preis nominiert wird – als Anerkennung für die Kommentierung eines Spiels zwischen Borussia Dortmund und Bayern München. Es soll nicht seine einzige Auszeichnung bleiben.

Werner dribbelt weiter mit Worten, Sätzen, Fantasien: »Es ist schon über so viele Dinge Gras gewachsen, dass man bald keiner Wiese mehr trauen kann«, beschreibt er die Kurzlebigkeit von Skandalen. Eine Begegnung zwischen dem BVB und Wattenscheid 09 degradiert er zum »gnadenlosen Gegurke«, eine andere Partie findet er noch langweiliger:»Das Beste in aller Kürze: Das Spiel ist aus.« Manchmal, da sind Werners Kommentierungen unterhaltsamer als das Gekicke auf dem Rasen. Gegen Schalke patzt Werders Torhüter Oliver Reck, ein sehr sympathischer Sportler, was Werner wohl gnädig stimmt:»Es gibt Momente, da muss man alles sehen, aber trotzdem beide Augen zudrücken.«

Auch die SAT.1-Chefs wissen, dass Werner zwar nicht Fußball gespielt hat, aber überaus gerne auf dem Tennisplatz steht, und schicken ihn zu den Offenen Italienischen Meisterschaften nach Rom. Michael Stich spielt gegen Alberto Berasategui, in der Reporterkabine sitzt neben Werner Experte Günther Bosch, der Coach von Boris Becker. Während die Spieler lange streiten, ob ein Ball des Spaniers wirklich im Aus gelandet ist, schaut Werner sich die Zeitlupe an und ist sich seiner Sache sicher, sogar sehr sicher:»Klare Sache, der Ball war im Aus«, sagt er voller Überzeugung ins Mikro und ergänzt:»Und zwar um Schamhaaresbreite.«

»Günther Bosch schaute mich entgeistert an, erschreckt von meiner Kommentierung unter der Gürtellinie«, erzählt später der Kommentator.»Ich habe ihm dann meine Wortwahl erklärt. Schamhaare sind dicker als normales Haar. Ich wollte nur verdeutlichen, dass der Ball deutlich aus war.«

Zum Glück für den Sprachakrobaten aus dem Revier sind die Zeiten freizügiger geworden, der Skandal bleibt diesmal aus.

Was ist schlimmer? Ein geiles oder ein verpasstes Tor im Stadion, wenn Hunderttausende vor dem Bildschirm sitzen?

Sonntagsspiele sind für das SAT.1-Sportteam Stress pur. Auch sonst zählt für die Kameramänner und Kommentatoren jede Sekunde, aber am Sonntag darf nun wirklich nichts schief gehen. Es ist jedes Mal ein Abenteuer, weil der Spielbericht unbedingt noch in ranissimo, so heißt die Sonntagsshow, gezeigt werden soll. Erst kurz vor Sendeschluss endet das Spiel.

An einem Sonntag, es ist der 25. August 1996, reisen die Bayern zum MSV Duisburg. Alles läuft planmäßig. Die Favoriten aus dem Süden führen standesgemäß mit 3:0, und der Aufnahmeleiter verhängt rechtzeitig das Fenster der Sprecherkabine mit einem schwarzen Tuch. Werner soll ungestört den Zusammenschnitt kommentieren können; ohne schwarzes Tuch könnten die Fans auf der Tribüne in die Kabine schauen und Werner mit Zurufen und Grimassenschneiden ablenken.

Wie immer hat der Reporter mit seinem Team eine Schlussszene vereinbart: Bayern-Spieler Alexander Zickler, der auf seinem Zeigefinger den Ball kreisen lässt. Wenn dies Szene eingeblendet wird, weiß Werner: Jetzt endet der Zusammenschnitt.

Was nicht geschehen darf, passiert dann doch, und nicht nur beim Fußball. Die Fans können Werner nicht sehen, aber der wiederum kann nicht mehr aufs Spielfeld schauen – und verpasst das vierte Tor der Bayern, erzielt von Christian Ziege kurz vor dem Abpfiff.

Der Ablaufredakteur hält offenbar den erfolgreichen Torschuss für eine Wiederholung, baut die Szene nicht ein, es bleibt beim Schlussbild des tanzenden Balles auf Zicklers Zeigefinger.

Was für eine peinliche Panne. Reinhold Beckmann im ranissimo-Studio schaltet wenig später noch einmal nach Duisburg zum Interview mit Uli Hoeneß. Der rekelt sich zufrieden auf einem Sofa, versinkt fast in den Kissen, kann und will sein breites Grinsen im Gesicht nicht verbergen. Schon vor der ersten Frage schockt er Reinhold Beckmann und dessen Studiogast Christoph Daum, wahrlich kein Freund von Uli Hoeneß. »Zuerst einmal möchte ich sagen, wir haben das Spiel nicht mit 3:0, sondern mit 4:0 gewonnen.«

Draußen, auf dem Weg zum Parkplatz trifft Werner Hansch, der keine Schuld an dem Fauxpas hat, den Bayern-Chef und entschuldigt sich. Uli Hoeneß bleibt gelassen.»Macht nichts. Ich weiß doch, unter welchem Zeitdruck ihr am Sonntag arbeiten müsst.«

Werner und Uli Hoeneß werden sich noch häufiger begegnen. In Talkrunden lernt er die andere, die menschliche, feinfühlige Seite des Bayern-Chefs kennen, der ansonsten seinen Verein mit allen erlaubten und wenn notwendig auch unerlaubten Mitteln verteidigt und nicht selten zu unkontrollierten Wutausbrüchen neigt. Er mag Uli Hoeneß, den politisch interessierten und kritischen Menschen, der sich nicht scheut, seine Meinung kundzutun. Der seine Gagen für Auftritte für gute Zwecke spendet und stets für andere da ist, die seine Hilfe brauchen, aber in der Öffentlichkeit nie den Wohltäter spielt. Der irgendwann vor dem Richter stehen wird und ins Gefängnis muss, weil er Millionen an der Börse verzockt hat.

Wenn Werner vor laufenden Kameras darüber spricht, beschönigt er nichts. Aber er wird nicht müde, zu appellieren, dass nach dem Urteil die Häme gegen Uli Hoeneß endgültig aufhören muss.»Jeder muss eine Chance auf einen Neuanfang haben.«

Werner kommentiert das Bundesligaspiel zwischen Bayern München und Bayer Leverkusen. Die Gäste verteidigen das 0:0 bis zur 89. Minute, dann zeigt der Schiedsrichter auf den Punkt: Elfmeter für die Bayern. Werner sitzt zu diesem Zeitpunkt schon im Übertragungswagen, sieht die Szene auf dem Bildschirm, hält die Entscheidung für grenzwertig.»Ich hätte hier keinen Strafstoß gegeben«, sagt er ins Mikro.

Werner kann sich erinnern, dass die Bayern durch den verwandelten Elfmeter von Jürgen Klinsmann mit 1:0 gewonnen haben. Doch schon nach dem Schlusspfiff ahnt er, dass der umstrittene Elfer für Furore in München sorgt. Ein Kollege aus Süddeutschland erzählt ihm von einem Pressebericht mit der Überschrift»Uli droht SAT.1«, in dem Uli Hoeneß zitiert wird. Hansch sei ein Poet, es muss erst einer tot im Strafraum umfallen, bevor Hansch zugeben würde, dass dieser Elfmeter berechtigt gewesen sei. Er vermute eine Seilschaft zwischen Hansch und dem Leverkusener Reiner Calmund, da würde zusammen gemauschelt.

Der Dienstag danach, es ist noch keine 8 Uhr. Werner liegt noch im Bett, das Telefon reißt ihn aus dem Schlaf. Uli Hoeneß ruft ihn aus Moskau an, die Bayern spielen am Abend im UEFA-Cup gegen Lokomotive Moskau. Der Manager hat wohl die Zeitverschiebung nicht im Kopf oder ihm ist der Anruf so wichtig, dass ihn die Uhrzeit nicht interessiert. »Herr Hansch, Sie haben bestimmt erfahren, was ich gesagt haben soll. Aber ich kann Ihnen versichern, dass das nicht wahr ist.«

Werner ist sofort hellwach. Die Geste des mächtigen Bayern-Managers hat ihn sehr beeindruckt.

Irgendwann, auch in Anspielung auf Fehler bekannter Kollegen, wird Werner sagen: »Du hast drei Chancen, um mit dem Aufmacher auf die Titelseite der BILD zu kommen. Erstens: Du gehst in den Puff und bestätigst die Rechnung unter dem Briefkopf deines Senders. Zweitens: Du unterschlägst Steuern. Und drittens: Du unterschlägst ein Tor.«

Ohne Werners Zukunft vorwegzugreifen: Als süchtigem Promi-Zocker ist ihm auch eine Schlagzeile sicher.

Aber zurück zur Gegenwart. Der Meister des Wortes geht unaufhaltsam seinen Weg, steigt endgültig auf zum Medienstar – und wird erst Jahre später fürchterlich abstürzen.

Kapitel 11
Sucht
Enttäuschte Freunde

Werners Verzweiflung wächst und wächst. Er geht weiter auf Betteltour, bekommt die ersten Absagen. Scheinbar kursieren nicht nur in Dortmund die ersten Gerüchte, dass der einst hoch bezahlte Reporter pleite ist. Die Angesprochenen, so vermutet Werner, lassen sich Ausreden einfallen, sie bräuchten das Geld für den Umbau der Wohnung, für eine neue Waschmaschine. Es sind frühere Kollegen, es sind enge Vertraute aus besseren Zeiten. Es sind Menschen, denen Werner mit seinen Beziehungen geholfen hat, einige hat er sogar auf dem Weg zu einer großen Karriere unterstützt.

Werner ist enttäuscht, ungerecht. Er kann nicht verstehen, dass sie ihn im Stich lassen, gibt ihnen die Schuld an seiner Misere. Manchmal schreckt er nachts auf, die Gedanken an seine Geldsorgen foltern ihn, er findet keinen Schlaf mehr. Heute ist er allen dankbar, die ihm nichts gegeben haben. »Sie haben mich davor bewahrt, noch mehr Schaden anzurichten.«

Einige Geldgeber wollen sich nicht länger vertrösten lassen. Sie drohen, an die Öffentlichkeit zu gehen, ihn anzuzeigen. Ihre Geduld ist am Ende, der Ton verändert sich.

Werner fühlt sich erneut ungerecht behandelt, Schuld an seiner Misere sind wieder mal die anderen; dieses Denken passt ins Krankheitsbild, ist nicht untypisch für Suchtkranke, die nicht fähig sind, eigene Schwächen einzugestehen, klare Gedanken zu fassen.

Werner hat Angst vor Anrufen, will verhindern, dass seine Moni ans Telefon geht und alles erfährt: seine Betteltouren, seine Schulden, seine Wettleidenschaft, sein grässliches Lügenspiel. Immer häufiger kommt er nicht in den Schlaf, weil ihn Horror-Gedanken quälen. Was ist, wenn die ganze Welt sich von ihm abwendet, weil seine Machenschaften publik geworden sind? Wie soll er damit leben, dass der ganze, tadellose Ruf, den er sich in den letzten 30 Jahren erarbeitet hat, sich ins Gegenteil verkehrt? Wenn aus dem seriösen, immer zuverlässigen und netten Moderatoren-Star der gescheiterte, betrügerische und verantwortungslose Looser wird?

Im Traum liest er die Schlagzeilen auf der Titelseite:

Die Stimme des Ruhrgebiets hat uns belogen.

Manchmal hat er gerade noch 20 Euro in der Tasche. Aber die Sucht nach dem Spiel, nach dem Nervenkitzel ist so groß, dass er sich ins Auto setzt, um die 45 Kilometer nach Recklinghausen zu fahren. Er setzt die 20 Euro auf ein einziges Pferd, verliert und fährt die 45 Kilometer zurück.

Werner spricht neue potenzielle Geldgeber an. Einige zahlen, andere lassen ihn abblitzen. Er verlängert die geheime Liste seiner Geldgeber. Leiht sich mal 500, mal 1000 Euro und mehr. Er will die Mahnenden mit Anzahlungen beruhigen, drückt ihnen an Straßenecken und auf leeren Plätzen verstohlen, mit Tränen der Reue und Verzweiflung Scheine in die Hand. Scheine, die er gerade erst bekommen und bis zur Übergabe in der Hosentasche versteckt hat.

Einige geben ihm das Geld in bar, ohne Beleg, im Vertrauen, dass Werner Wort hält und es ihnen zum versprochenen Zeitpunkt wiedergeben wird. Und Werner? Dem ist das völlig egal, ahnt wohl schon, dass er seine Freunde enttäuschen wird. Hauptsache, die Nörgler halten hier und jetzt still. Und noch wichtiger: Er kann weiterzocken, immer weiterzocken. Im Wettfieber verschwimmt die Realität: Werner glaubt immer noch an die Glückssträhne.

Andere sind vorsichtiger, haben Darlehnsverträge vorbereitet. Werner nimmt sich nicht die Zeit zu lesen, was er gerade unterschreibt. Kritzelt seinen Namen aufs Papier und will nur noch weg, ehe er neue Lügen erfinden muss. Er ist sicher, dass der eine oder andere den Vertrag in seiner Büroschubladen versteckt – die Ehefrau soll nichts erfahren von dem leichtsinnigen Freundschaftsdienst.

Die Zockerei frisst auch die Rente auf. Aber er hungert lieber, als auf das Wetten zu verzichten.

Längst hat er kein Geld mehr, um zu tanken; der Wagen bleibt monatelang ungenutzt vor dem Haus stehen. Werner fährt fortan mit Bus und U-Bahn, kennt die Fahrpläne in- und auswendig. Sein einziges Ziel ist ein Wettbüro in Dortmund.

Dort verliert er weiter, so wie zwei Rentner, die er dort kennenlernt. Im Gegensatz zu ihm setzen sie pro Rennen aber nur 2, 3 Euro. Den beiden Männern macht es schon lange nichts mehr aus, dass sie einen Großteil der Rente verspielen. Sie lieben den Nervenkitzel, die Gespräche, das Fachsimpeln, gönnen sich ein Bierchen oder auch mehrere. »Zu Hause fällt uns die Decke auf den Kopf«, sind sie sich einig.

Werners Buchmacher in Dortmund heißt übrigens Henry Kalkmann. Mallorca lässt grüßen.

Kapitel 12
Leben
Glücklich im eigenen Haus

Seit 30 Jahren sind Werner und Moni zusammen. Als sie sich kennenlernen, verkauft Moni Pullover in einer Boutique. Schnell erkennt er, dass sie mit dem Job unterfordert ist, dass sie viel, viel mehr kann. Und behält recht. Sie schafft ihr Fachabitur, studiert in Münster erfolgreich Ökotrophologie. Schon bald leitet sie ein Altenpflegeheim im Sauerland mit 150

Betten, stellt sich der Verantwortung für die Senioren und geht in ihrer Arbeit auf.

Werner unterstützt sie, wo er kann, moderiert Theateraufführungen und Gesprächsrunden in dem Heim, kümmert sich um Referenten. Morgens um sechs macht sich Moni auf den Weg, fährt 60 Kilometer bis zum Pflegeheim. Erst am späten Abend wird sie zurückkehren. Wenn Werner nicht gerade für SAT.1 unterwegs ist oder für Veranstaltungen gebucht wird, essen sie gemeinsam zu Abend.

Anfangs wohnen sie in einer Mietwohnung. Werner reicht das, er ist sowieso nicht anspruchsvoll, braucht keinen Luxus. Er fährt einen Kleinwagen, gibt wenig Geld für Kleidung aus, obwohl er auf großem Fuß leben könnte. Gelegentlich staunt er beim Blick auf sein Bankkonto über die gewaltige Summe, die er angespart hatte. Es sind mehrere Hunderttausend Euro. »Ich hatte als Sportreporter immer gut verdient und nie Geld verschwendet«, sagt er. »Woher ich komme, haut man nicht auf die Kacke.«

Moni wünscht sich nichts mehr als ein eigenes Haus. Sie machen sich auf der Suche nach einem geeigneten Objekt und werden 2005 fündig im noblen Dortmunder Süden, in bester Lage. Das dreistöckige Einfamilienhaus mit dem romantischen Garten gefällt beiden auf Anhieb, sie können gar nicht abwarten, einzuziehen.

Doch zuvor gibt es viel zu tun, ihr neues Heim ist in die Jahre gekommen. Zwei kreative Architekten gestalten das Gebäude nach ihren Vorstellungen. Handwerker bauen moderne Badezimmer mit maßgeschneiderten Waschtischen, verlegen Holzböden, verschönern die Holztreppe, modernisieren die Heizung, decken das marode Dach neu. Alle Türen, nur von bester Qualität in edlem Holz, werden ausgewechselt, ebenso Fenster, Leitungen und Rohre.

Damit nicht genug. Nach aufwendiger Renovierung und umfassendem Umbau investieren die neuen Hausherren in teure Möbel, die allein schon mit 80 000 Euro zu Buche schlagen. Werner zahlt immer bar, staunt über die Preise, aber noch mehr über den Kontostand. Er verfügt immer noch über 200 000 Euro.

Und trotzdem, er kommt sich arm vor. »Ich hatte Sorge, dass ich pleite bin, wenn mal ein Baum aufs Haus fallen sollte.« Für Moni und ihn ist ihr neues Reich der beste Rückzugsort nach stressigen Tagen. Überall hängen Bilder, Gemälde, die bestimmt nicht günstig waren. Vom gemütlichen, lichtdurchfluteten Wohnzimmer mit der integrierten Küche schauen die beiden direkt in den großen Garten. Aus dem Fenster seines Arbeitszimmers im 2. Obergeschoss genießt er die Aussicht auf ein grünes Tal.

Einen zweiten großen, ebenerdigen Raum haben sie stilvoll für den Besuch von Gästen eingerichtet; mit einem ausladenden Esstisch, Kamin, extra angefertigten Bücherregalen. Hier feiern sie Familienfeste, sie freuen sich, wenn auch Werners Sohn Oliver mit seiner Frau und seinen zwei Kindern aus London anreist. Schlafplätze gibt es genug.

Häufig schaut Werner heute in Fotoalben, die auf dem Wohnzimmertisch liegen und ihn an ihre großen Partys erinnern. Moni hat die Alben liebevoll gestaltet mit einer Liste und Fotos der Gäste, mit Bildern vom festlich beleuchteten Garten und kreativ dekorierten Tischen. Auf der Terrasse steht ein schwarzes Klavier, Werner hat einen Pianospieler verpflichtet.

Vormittags hat Werner meistens keine Termine. Er ist allein zu Hause, genießt die Ruhe, genießt die erste Tasse Kaffee. Am liebsten sitzt er dabei auf dem Sofa und studiert die Zeitungen.

Werner fühlt sich wohl in seinem Haus und weiß zu diesem Zeitpunkt nicht, dass er es bald verkaufen muss. Unter Wert, ohne Rücksprache mit Moni.

Die Zeiten werden sich ändern. Statt der Süddeutschen, des Zeit-Magazins und der heimischen Tageszeitungen Ruhr

Nachrichten und WAZ wird er zehn Jahre lang die Rennprogramme für die Bahnen in England, Irland und Frankreich studieren und prüfen, ob er in der Nacht die richtigen Pferde herausgesucht hat. Dann muss er auch schon los nach Recklinghausen. Das Glück wartet nicht.

Das Unheil aber auch nicht.

Kapitel 13
Sucht
Raus aus dem Haus

Hinter dem Rücken von Moni greift Werner zum letzten Strohhalm. Sie weiß nicht, was er plant, sie darf es auch nie erfahren.

Werner will das Haus, das sie sich so wünschte, das sie so liebt, in dem sie sich so wohlfühlt, heimlich verkaufen; er muss es verkaufen, er braucht Frischgeld. Weil ihm die

Immobilie allein gehört, fällt Moni nichts auf: Seine Unterschrift reicht unter den Vertrag.

Später, so nimmt er sich vor, wenn die Glückssträhne im Wettbüro ihn reich gemacht hat, wird er das Haus zurückkaufen. Moni wird und darf nichts merken.

Doch was spielt das jetzt für eine Rolle? Seine spielsuchtfiebrigen Gedanken sind stärker als seine Scham, sie lassen ihn nicht mehr klar denken. Die Sucht hat Werner längst im Griff, aber er will es nicht wahrhaben und wettet weiter. So wie ein Alkoholiker, der seine Abhängigkeit von der Flasche nicht zugibt, sich selbst belügt ... und weiter säuft. Ein Alkoholiker, der am Ende die Tapeten von den Wänden kratzt und den Klebstoff ableckt.

Mit dem Rücken zur Wand hat Werner im Sommer 2012 keinen Verhandlungsspielraum, er muss das Angebot des Interessenten akzeptieren. Der neue Eigentümer zahlt ihm 160 000 Euro und gewährt Werner zusätzlich ein zehnjähriges Wohnrecht. Spätestens im August 2022 muss Werner raus aus dem Haus im feinen Dortmunder Süden und in eine Mietwohnung umziehen. »Es war ein fairer Handel«, empfindet er auch heute noch.

Für den Käufer ist der Deal ein Schnäppchen, für Werner die letzte Ausfahrt vor einer drohenden Privatinsolvenz; das ist sein Albtraum.

Kapitel 14
Leben
Das Gesicht zur Stimme

Das Fernsehen macht Werner noch populärer. Nun hat diese markante Stimme ein Gesicht, eine Körpersprache, die manchmal mehr aussagt als Worte. Und natürlich profitiert er von seiner jahrzehntelangen Erfahrung im Radio. Fürs große Kino im Kopf muss er beobachten, beschreiben können, dem Zuhörer Bilder übermitteln, die nur er sieht. Das Wichtigste: Werner hat gelernt, ja verinnerlicht, auf den Punkt präsent zu sein – das macht seine Interviews so spannend, deshalb wird er ein begehrter Talkgast.

Werner ist nun ein Hansch Dampf in allen Gassen, besser auf allen Kanälen und Veranstaltungen. Thomas Gottschalk holt ihn in seine Late-Night-Show. In einem Aufenthaltsraum wartet er gemeinsam mit der ehemaligen Eiskunstläuferin Katarina Witt, dem einstigen Postminister Christian Schwarz-Schilling und Maurizio Gaudino auf seinen Auftritt. Der Fußballprofi hat gerade bei der Frankfurter Eintracht einen Skandal provoziert. Mit zwei anderen Spielern verweigert er seinen Einsatz für eine Begegnung, Trainer Jupp Heynckes hat ihn daraufhin suspendiert.

Ein Redakteur geht von Promi zu Promi, um die Themen und Fragen von Gottschalk noch mal durchzugehen. Er hält große Zettel in der Hand, riesig geschriebene Stichworte für den Meister des Small Talks. Es sind versteckte Hilfen, um gut durch die Gespräche zu kommen. In Wetten dass ...? stehen seine Stichwörter auf Plakaten; bei seiner Mega-Show ist eben alles eine Nummer größer.

Wie es der Redakteur vorhergesagt hat, klebt Tommy nicht an seinem Konzept, plaudert einfach drauf los, was dem schlagfertigen Werner entgegenkommt. Spielchen und Einlagen gehören zur Late-Night-Show. Als Katarina Witt und Maurizio Gaudino auf Rollerblades mehr recht als schlecht einen Walzer tanzen, kann sich Werner eine Bemerkung nicht verkneifen.»Es läuft ja für Maurizio auf Stollen nicht so gut wie auf Kufen. Aber bei der Eintracht drückt bestimmt jemand die Daumen, dass er sich jetzt auf die Schnauze legt. Das gäbe einen schönen Versicherungsfall.«

Nach der Show ist der verhinderte Eistänzer verschwunden. Doch schnell spricht sich herum: Beamte haben Gaudino hinter der Bühne abgepasst und abgeführt. Sie haben ihn, was erst später bekannt wird, im Zusammenhang mit Versicherungsbetrug und Autoschieberei festgenommen.

Werner kehrt weit nach Mitternacht ins Hotel zurück. Er ist hundemüde, informiert aber noch in der Nacht seine Kollegen aus der Nachrichtenredaktion. Er liefert ihnen fürs Frühstücksfernsehen seinen Augenzeugenbericht, exklusiv für SAT.1. Thomas Gottschalks Sender RTL verschläft dagegen die eigene Geschichte vom Fußballprofi, der im Studio von Polizeibeamten abgeführt wird.

Kapitel 15
Sucht
Das Ende einer Liebe

Unglaubliche acht Jahre lang verheimlicht Werner seine Wettleidenschaft. Acht Jahre lang gaukelt er Moni eine heile Welt vor, entwickelt Routine, Termine zu erfinden, um in Recklinghausen zu zocken.

Die Angst, entdeckt zu werden, macht ihn erfinderisch, macht ihn vorsichtig. Fast jeden Abend täuscht er vor, noch nicht müde zu sein, sie solle schon mal schlafen gehen, er komme gleich nach. Doch statt ein Buch zu lesen, Fernsehen zu schauen, kramt er wie immer die Programme der Rennbahnen hinter den Sofakissen hervor, kann gar nicht abwarten, endlich das große Glück zu planen, das nun mal nicht zu planen ist. Weil ja in jedem Rennen neben seinem Top-Favoriten noch 13 andere Vierbeiner gewinnen wollen und mit ihnen viele andere Glückssucher. »Am Ende gewinnt dann doch nur der Buchmacher«, weiß er heute, und ein gewisser Henry Kalkmann auf der Sonnenseite von Mallorca wird ihm zustimmen.

Eines Abends, im Herbst 2017, fällt der Schwindel auf. Werner hat sich auf die Rennen des nächsten Tages vorbereitet, muss aber irgendwann im Sessel eingeschlafen sein. Als er wach wird, steht seine Moni vor ihm, starrt entsetzt auf die Rennprogramme und Tippscheine, die verstreut am Boden liegen. Völlig entgeistert, bringt sie nur einen Satz heraus: »Werner, was machst du da?«

Werner hat nun eine neue Baustelle, aber wer mag schon neue Baustellen, wenn er nur auf eine einzige Sache fokussiert ist: auf das Wetten von Pferden, die einfach nicht gewinnen können.

Moni leidet, will alles wissen, will helfen, versucht immer und immer wieder, ihn vom Wetten abzubringen, fordert eine Therapie, um die Sucht zu besiegen. Sie droht auszuziehen, doch selbst das geht Werner »nicht einen Millimeter unter die Haut«. Nichts, aber auch nichts lässt er an sich ran – und fährt am nächsten Tag wieder nach Recklinghausen.

Der Druck wird stärker. Moni zieht aus dem gemeinsamen Schlafzimmer aus, baut ihr Bett im Dachgeschoss auf.

Werner ist geschockt, verzweifelt, ratlos. Er fährt vom Wettbüro in Recklinghausen zu seinem Büro, schreibt seiner Moni am späten Abend einen Brief. Der Inhalt, er gehört nur ihnen beiden, aber seine Einsamkeit, seine Schuldgefühle, seine

Schwäche, sein Wunsch, ihm zu verzeihen, kleben an den handgeschriebenen Worten.

Werner legt den Brief vor Monis Schlafzimmer, am nächsten Tag findet er ihn auf dem Küchentisch. Er weiß nicht mal, ob Moni den Hilferuf gelesen hat. Sie haben aufgehört, miteinander zu reden.

Werner fragt nicht nach. Er fiebert in einer anderen Welt. Keiner, aber auch wirklich keiner darf ihm das Wetten, seine Leidenschaft verbieten. Die Sucht, das Wettfieber stiehlt ihm die Einsicht, abhängig zu sein, zieht ihm den Boden unter den Füßen weg.

Aber er wankt nicht, er will nichts mehr hören von den Vorwürfen, vom ewigen Gezanke. Er ist in dem irren Glauben, Moni würde gegen ihn kämpfen, doch heute, viel zu spät und nicht wieder gutzumachen, da ist ihm klar: Seine Lebensgefährtin kämpfte dramatisch um ihn.

Und Werner? »Im Inneren habe ich gespürt: Die Frau hat ja recht.«

Es sind unerträgliche Zeiten für Moni, die weiß, dass Werner wieder unterwegs zum Buchmacherbüro ist. Die mitbekommt, dass einige von Werners ehemaligen Freunden anrufen, um ihr Geld zurückzufordern. Die manchmal selbst ans Telefon geht und unfähig ist, mit den Geldgebern zu sprechen. Im Briefkasten findet sie gelbe Umschläge von Gerichtsvollziehern, wirft sie auf den Küchentisch, an dem Werner sitzt. Er schmeißt die Post ungelesen in die Mülltonne.

Er wird auch jetzt noch nicht wach, weil die Krankheit ihn längst im Griff hat. Er lenkt nicht ein, als Moni ihm sagt, dass sie eine neue Wohnung hat. Sie zieht aus, nimmt Möbel mit, auch den stattlichen Esstisch, das Symbol für so viele Feiern, für so viele gemütliche Stunden mit Familie und Freunden.

Noch einmal, das letzte Mal, betritt sie das Haus, das sie so geliebt hat, das längst einem anderen gehört. Werner wird diesen Tag, diesen Moment niemals vergessen. Moni baut Telefon und Fax ab, vergeblich fleht Werner sie an, ihm

wenigstens das Telefon zu lassen. Sie geht Richtung Haustür, dreht sich noch einmal um. Sie knallt ihre Schlüssel auf den Küchenblock und sagt nur einen einzigen Satz:
»Ich komme nie wieder zurück.«
Werner war häufig in seinem Leben allein, aber so einsam, so verlassen hat er sich noch nie gefühlt. Er sitzt auf dem Sofa, paralysiert. Unfähig, sich zu bewegen. Unfähig, einen klaren Gedanken zu fassen. Unfähig, zu weinen. Seine Moni ist weg, einige Räume sind leer, die Freunde, die er enttäuscht, belogen hat, kehren ihm den Rücken.

Waren es Stunden? Irgendwann, da kommt, erstmals nach acht Jahren, ein Gefühl von Scham auf, von Verzweiflung, von Hoffnungslosigkeit. Er ist überzeugt, dass er den Tiefpunkt erreicht hat, tiefer kann er nicht abstürzen.

Werner irrt.

Und macht sich auf den Weg. Im siebten Rennen, das ist ja sonnenklar, kann nur einer gewinnen.

Vorher muss er aber noch Geld besorgen.

Kapitel 16
Leben
Die Show des Koksers

Nächster Auftritt, nächster Medienrummel: Werners Freundschaftsdienst für Christoph Daum, dessen Traum, deutscher Nationaltrainer zu werden, an seiner Drogensucht zerplatzt.
 Schon lange kursierten Gerüchte über den verschnupften Coach. Gerüchte, die Uli Hoeneß öffentlich macht. Sein Interview setzt den Trainer weiter unter Druck. Er stimmt einer freiwilligen Haarprobe zu. Das Ergebnis ist für ihn fatal. Die Kölner Rechtsmediziner finden Spuren von Kokain.

Christoph Daum flüchtet aus Deutschland, taucht in den USA unter. Gerade eben erst in die Heimat zurückgekehrt, ruft er Werner an, bittet ihn, die morgige Pressekonferenz im Hyatt-Hotel in Köln zu leiten. »Mensch, Werner, du kennst doch das Geschäft, du musst mir helfen.«

Werner braucht nur wenige Minuten, um sich die Genehmigung seines Senders einzuholen, und sagt zu – er will den Trainer, der in den Vorjahren immer gesprächs- und hilfsbereit gewesen ist, nicht im Stich lassen.

Zwei Stunden vor der Pressekonferenz, eigentlich viel zu kurzfristig, um gründlich die Taktik zu besprechen, stimmen Christoph Daum und sein Anwalt die Vorgehensweise in einer komplett angemieteten Suite ab. Fünf Etagen tiefer finden die Übertragungswagen rund ums Hotel keinen Parkplatz mehr, drängen die Journalisten in den Saal, sichern sich die besten Plätze.

Werner spricht in der Suite Klartext. Auf keinen Fall darf Christoph seine Aussagen vom Blatt ablesen, das wirkt gekünstelt, unecht, nicht authentisch, das passt nicht zu dem sonst eloquenten Trainer. Werner verweist auf das Medientreffen in Leverkusen, bei dem Daum ankündigt, eine Haarprobe abzugeben. »Ich tue das, weil ich ein reines Gewissen habe.« Es ist ein vom Blatt abgelesener Satz, der nicht gut ankommt; eine vorformulierte Lüge, die um die Welt geht.

Werners zweiter dringender Appell: Christoph soll sich bei Uli Hoeneß, mit dem er sich heftig öffentlich gestritten hat, entschuldigen, was er aber rigoros ablehnt. Seine Eitelkeit scheint größer zu sein als sein Schuldbewusstsein.

Die Zeit eilt. Die Doppeltür der Suite wird geöffnet. »Meine Herren, es ist so weit«, sagt der Hoteldirektor. Er und zwei Hostessen geleiten Trainer und Reporter zu den Aufzügen. »Als wir den völlig überfüllten Rhein-Saal betraten, dachte ich, ich wäre im Film Schtonk, als der Journalist, gespielt von Götz George, Hitlers Tagebücher präsentiert«. Alle Fotoapparate und Filmkameras richten sich auf Daum und ihn. »So einen Auflauf hatte ich noch nie erlebt.«

Der Rest, er ist Geschichte. Mit ernster Miene gibt Christoph Daum zu, dass er mit »Drogen in Kontakt gekommen ist«. »Ich konnte förmlich hören, wie ihm in diesem Moment ein Stein vom Herzen fiel«, erinnert sich Werner.

Was er damals nie und nimmer für möglich gehalten hätte, wird auch ihm widerfahren. Er wird die Erleichterung spüren, endlich die Wahrheit gesagt zu haben fast 20 Jahre nach dem Outing von Christoph Daum, wenn auch Werner seine Sucht gestehen wird.

Nicht in einem Saal vor Journalisten und Kameramännern, sondern mutterseelenallein in einem kleinen Raum des Big-Brother-Containers, live übertragen auf SAT.1, ausgerechnet »seinem Sender«, der ihn berühmt gemacht hat.

Christoph Daum kann den Zuhörern in die Augen schauen, Werner sieht nur auf Wände, sieht auch nicht den großen Unbekannten, Big Brother, der mit seiner knurrend-dunklen und unheimlichen Stimme die entscheidende Frage stellt: »Werner, sag uns. Warum bist du hier?«

Zurück zur Pressekonferenz. Zu seiner Überraschung wird sich Christoph Daum dann doch noch bei Uli Hoeneß für seine Anfeindungen entschuldigen, aber ansonsten läuft vieles schief. Befreit von einer tonnenschweren Last glaubt der Trainer, die größte und wichtigste Hürde bewältigt zu haben, wirkt gelöst, lockerer, macht sogar Witze. Er grinst, löst Gelächter im Saal aus, als er zugibt, dass es ein Fehler war, die Haarprobe zuzulassen.

Noch während der Veranstaltung ahnt Werner, dass die Journalisten schonungslos über Daum herfallen werden, und behält recht; die »miese Show des Koksers« schreibt fette Schlagzeilen. Sein Image ist im tiefsten Keller.

Für Werner steht fest: Christoph hat zumindest vorerst keine Zukunft mehr in Deutschland. Vielleicht befällt Werner zwei Jahrzehnte später auch deshalb so große Angst, dass seine

Zockersucht auffliegt. Was soll er machen mit 80, wenn sich die Menschen von ihm abwenden?

Sein Lebensweg, sein Gang durch die Hölle, wird gepflastert sein mit Fragezeichen, mit Zukunftsangst. Doch noch spielt Werner den Hansch im Glück. Er ist ganz oben.

Kapitel 17
Sucht
Am Rande des Abgrunds

Was für ein herrliches Ambiente! In der alten Kaue der ehemaligen Zeche Hansemann in Dortmund Mengede wird im Frühjahr 2017 der Steiger Award verliehen, es ist der Oskar des Ruhrgebiets. Die Gäste schreiten über den roten Teppich, sitzen an weiß gedeckten Tischen in dem festlich dekorierten Raum mit gedämpftem Licht und nostalgischem Mauerwerk.

Oben auf der Bühne, im Scheinwerferlicht, steht Werner. Zum fünften Mal moderiert er diese Kult-Veranstaltung, die nur eine Frage offenlässt: Wie schafft es Organisator Sascha Hellen, der noch junge PR-Mann aus Bochum, jedes Jahr aufs Neue, Persönlichkeiten, Stars aus aller Welt ins Revier zu holen? Seit 2005 geben sich Schauspiel-Größen wie Armin Müller-Stahl, Claudia Cardinale und Hardy Krüger sen., Königinnen wie Sophie von Spanien und Silvia von Schweden die Ehre. Lebende Legenden wie Liselotte Pulver und Christiane Hörbiger lassen sich feiern. Auch Shimon Peres, israelischer Politiker und Friedensnobelpreisträger, nimmt die Trophäe in Empfang; die Liste der weltbekannten Promis, Preisträger oder Laudatoren ist unendlich lang.

Auch heute darf Werner außergewöhnliche Gäste ansagen, unter anderen den palästinensischen Präsidenten Mahmoud Abbas, Stararchitekt Daniel Libeskind, Komiker Otto Waalkes, Schauspielerin Thekla Carola Wied, Unternehmer Dirk Rossmann.

Alles läuft wie geplant. Werner ist in Bestform, findet für jeden Prominenten die richtigen Worte, mal launisch, mal nachdenklich, immer unterhaltsam.

Plötzlich nimmt ihn Veranstalter Sascha Hellen zur Seite, bittet um das Mikrofon. Er würde jetzt die Moderation übernehmen. Werner versteht die Welt nicht mehr, ist sprachlos und das ist selten. »Was habe ich falsch gemacht?« habe ich mich gefragt. »Es war doch bis dahin ein wunderbarer, harmonischer Abend mit Gästen, die für fünf Galas gut gewesen wären.« Er setzt sich an einen Tisch, verwundert, zugegeben auch leicht verärgert.

Sascha Hellen kündigt einen Gast an, der auf keiner Einladungsliste steht. Zur Tür hereinkommt Wolfgang Bosbach, CDU-Politiker, begehrter Talkgast, eloquent, wenn nötig kritisch, mit Dauerpräsenz auf den TV-Bildschirmen. Er geht ohne Manuskript auf die Bühne, wie immer charmant lächelnd, einfach souverän; ein Alpha-Tier.

Er hält eine Laudatio auf Werner, die der Reporter nie in seinem Leben vergessen wird, die »mich fast vom Stuhl fallen ließ«. Wolfgang Bosbach ist bestens vorbereitet, hat sich in das Leben von Werner Hansch hineingekniet. Seine emotionale Laudatio, frei gesprochen, wird zu einer Lobeshymne auf den Kommentator, auf den Menschen – der nicht fassen kann, was er alles hört.

In den Tageszeitungen wird ein Bild veröffentlicht. Es zeigt Wolfgang Bosbach, der den Steiger Award in den Händen hält, und Werner Hansch; er ist überwältigt, dankbar, aber auch peinlich gerührt. Aber nicht sprachlos. »Ich glaube, lieber Herr Bosbach, Sie haben ihr rhetorisches Talent am falschen Objekt verschwendet.«

Werner, ganz der Profi, ist wieder Herr der Situation, fährt mit der Moderation fort.

Als auf der Bühne die Lichter ausgehen, stoßen die beiden mit einem Gläschen Wein auf einen gelungenen Abend an. Sie verstehen sich auf Anhieb, sind angetan von dem Einfall zwei junger Männer einer Marketingagentur, die zu ihnen an den Tisch kommen. Sie schlagen ein neues Talkformat vor: Wolfgang Bosbach und Werner Hansch im Dialog.

Kurz darauf treffen sich die vier im Hotel l'Arrivée, das am Abend des 11. April 2017 bundesweit bekannt wird. Vor der Champions-League-Begegnung gegen den AS Monaco entspannen sich die Profis des BVB wie vor anderen Spielen wie gewohnt im Mannschaftshotel. Rechtzeitig vor Spielbeginn fährt der schwarz-gelbe Bus vor, mit dem Spieler und Trainer zum Stadion fahren sollen. Schon nach wenigen Metern ist die Fahrt zu Ende. Sergej W. zündet per Fernsteuerung aus seinem Zimmer 402 drei Sprengsätze, die er vorher in der Hecke an der Zufahrtsstraße versteckt hat. Abwehrspieler Marc Bartra und Polizist Ulrich Hagedorn, der mit seinem Motorrad den Bus begleitet, werden durch die Splitterbomben verletzt. Die Richter verurteilen den Attentäter später zu 14 Jahren Haft.

Werner, sein Laudator und die Männer aus Köln und Münster sind sich einig: Das Format trägt den Titel »Wolfgang Bosbach und Werner Hansch im Gespräch« und könnte erfolgreich sein. Den Reporter, längst dem Wettfieber verfallen, reizt besonders das lukrative Honorar: Jeder soll 5000 Euro pro Auftritt bekommen, viel »Holz« für einen, der eine Zeit lang täglich diese Summe verzockt hat. Trotzdem schlägt er der Runde vor, sich selbst mit einem Drittel zu begnügen. Zwei Drittel soll Bosbach bekommen, er sei schließlich das Zugpferd der Veranstaltungsreihe. Doch der Politiker gibt sich fair und setzt sich durch: Entweder werde das Honorar geteilt oder er mache nicht mit.

Es kommt anders, ganz anders: Nur ein einziges Mal werden sich die beiden Entertainer in der geplanten Dialog-Reihe auf dem Podium die Bälle zuspielen; manchmal wird Wolfgang Bosbach allein verpflichtet. Doch bald gehört ihnen gemeinsam die große Bühne, für ein Drama in mehreren Akten – und da geht es um mehr als 5000 Euro.

In Schwäbisch Gmünd sehen sich die beiden im November 2018 wieder und Werner wird »Zur Sache« kommen. So heißt die Talkshow in der noblen Villa Hirzel, die der Mann aus dem Pott seit Jahren moderiert, mitaufgebaut hat. Sponsor »WWG-Autowelt« ist Werner dankbar, dass er sein Netzwerk nutzt, um attraktive Gäste in die Stadt im Osten Baden-Württembergs zu locken. Gäste, die wirklich etwas zu erzählen haben: Bibiana Steinhaus, die erste Bundesliga-Schiedsrichterin, die sich in der von Männern dominierten Fußballwelt durchsetzt. Nationalspieler Guido Buchwald, Weltmeister 1990, genannt Alpen-Maradona. Buffy Ettmayer, einst in Diensten des VfB Stuttgart, ein Schlitzohr und glänzender Unterhalter. Interviewpartner sind aber auch Horst Hrubesch, das Stürmer-Ungeheuer auf dem Platz, und Trainer Ralf Rangnick, einst in Diensten von Schalke und RB Leipzig. EU-Kommissar Günther Oettinger, ebenfalls Talkgast in der Villa Hirzel, ist ganz begeistert von Werners politischem

Hintergrundwissen. »Sportreporter bin ich ja nur durch Zufall geworden. Politik und Soziologie aber habe ich studiert«, begründet der Moderator.

Und 2018? Werner erinnert sich an die Laudatio beim Steiger Award in Dortmund, holt Wolfgang Bosbach nach Schwäbisch Gmünd.

Wie immer ist die Villa mit 300 Zuhörern ausverkauft. Die beiden diskutieren über Politik, über die AfD und rechtsradikale Strömungen, auch über Anstand und Verantwortung. Irgendwann wird Wolfgang Bosbach sagen: »Politiker dürfen sich nicht um Entscheidungen drücken. Das mögen die Leute nicht.«

Im Dezember 2019 wird der CDU-Mann zu seinem Wort stehen – aber anders, als Werner es nach der Diskussion erwartet hat.

Der Talk ist vorbei, die meisten Gäste sind schon gegangen. Kellner haben begonnen, abzuräumen. Werner und Wolfgang Bosbach gönnen sich noch ein Gläschen Wein, sie sitzen allein an einem Tisch. Werner fackelt nicht lange, nutzt die Chance, kommt noch mal »Zur Sache«. Er erzählt die Geschichte, mit denen er auch schon andere getäuscht hat. Die Geschichte vom Autounfall, den er unter Alkoholeinfluss verursacht hat, aber ohne Beteiligung der Polizei klären möchte. Dafür brauche er 20 000 Euro; es wäre toll, wenn Bosbach ihm 5000 Euro leihen könnte.

Bosbach sagt sofort zu, gewährt ihm das gewünschte Darlehen. Werner verspricht, es bis Ostern 2019 zurückzuzahlen. »Lassen Sie sich ruhig Zeit, auch wenn es Ostern wird«, soll Bosbach ihm gesagt haben.

Doch die erste Frist läuft ab. Bosbach mahnt, macht Druck, droht mit einer Anzeige. »Er war relativ gnadenlos«, sagt Werner.

Im September überweist ihm der ehemalige Reporter der Sportschau 1000 und dann noch mal 1500 Euro. Mit neuen

Lügengeschichten hat er sich das Geld von Bekannten erschwindelt.

Noch fehlen 2500 Euro, und an die kommt Werner momentan nicht dran. Wen er auch anruft, es hagelt Absagen. »Wann wollen Sie die zweite Hälfte des Darlehens zahlen?«, fragt Bosbach nach, sein Ton wird schärfer. Ihm geht es aber nicht nur um das Finanzielle. »Er hat eine Notlage nur vorgetäuscht, und dieses Verhalten hat mich sehr enttäuscht«, zitiert ihn die BILD.

Im Dezember 2019 ist Bosbach mit seiner Geduld am Ende. Am 10. des Monats geht seine Anzeige wegen Betrugs bei der Staatsanwaltschaft ein. Werner ist entsetzt, nicht nur über die Anzeige. »Bosbach hat in dem Schreiben an der Staatsanwaltschaft angedeutet, es gäbe Gerüchte über meine Spielsucht.«

Da drängt sich die Frage auf, warum der Politiker nicht einmal Werner angerufen hat, um ihn auf die mögliche Spielsucht anzusprechen und vielleicht sogar Hilfe anzubieten?

Für Werner ist es ein neuer Tiefpunkt auf seinem Weg durch die Hölle. Er ist allein, einsam, seine Lebensgefährtin Moni hat ihn verlassen; die meisten Freunde, die er angepumpt hat, haben sich von ihm abgewendet. Er ist verzweifelt, weil er nicht weiß, wie es weitergehen soll. Ihm fällt niemand ein, der ihm noch Geld leihen könnte. Er ist pleite.

Der große Werner Hansch, die gefeierte WDR-Ikone, von den Fußballfans geliebt, als Moderator begehrt, mit Preisen ausgezeichnet, weiß nicht weiter. Er hat Angst vor einem öffentlichen Verfahren, Angst um seinen Ruf: »Wenn die Wahrheit ans Tageslicht kommt, dann ist meine Reputation, die ich mir jahrzehntelang erarbeitet habe, komplett zerstört.«

Werner bekommt ein Schreiben von der Staatsanwaltschaft. Er soll Stellung zu der Anzeige von Wolfgang Bosbach nehmen, entweder schriftlich oder in einem Gespräch bei der Behörde.

Nun ist der Zeitpunkt gekommen, er muss und wird sein Schweigen brechen. Werner braucht Hilfe, er trifft sich mit Alfons Becker, einem renommierten Dortmunder Anwalt, der auch den BVB nach dem Bombenattentat auf den Bus vertreten hat. Die beiden kennen sich schon länger. Die Kanzlei von Alfons Becker und seinen Kollegen richtet jährlich jeweils im November einen Brunch aus, den sogenannten Kanzlei-Brunch im Restaurant Dieckmann's im Süden der Stadt. Zwei Mal ist Werner dort bereits aufgetreten. Er hat seine Geschichte vom Stadionsprecher in der Glückauf-Kampfbahn zum Besten gegeben und ein Gespräch mit Uli Borowka moderiert. Der deutsche Nationalspieler und Profi bei Werder Bremen war jahrelang dem Alkohol verfallen und ist jetzt ständig unterwegs, um eindringlich von der Sucht zu erzählen und vor den Gefahren zu warnen.

Dem erfahrenen Anwalt kann Werner seine Spielsucht nicht lange verheimlichen. »Mach mir nichts vor«, sagt Alfons Becker und spricht Klartext. »Werner, du brauchst jetzt unbedingt einen Therapeuten. Und zwar sofort.«

Werner sitzt daheim auf seinem Sofa, sieht seine Welt in Schutt und Asche liegen, da klingelt sein Handy. Was Dr. Tobias Blasius, NRW-Korrespondent der Funke Medien Gruppe, zu der auch die WAZ gehört, ihm sagt, gibt Werner den Rest. Nie war er der Hölle näher.

Der Journalist bittet Werner um eine Stellungnahme für seine geplante Berichterstattung über die Betrugsanzeige von Wolfgang Bosbach. Werner ringt nach Luft, nur eins ahnt er: Als Informant von Tobias Blasius kommt eigentlich nur einer infrage ...

Der WAZ-Mann ist fair. Um auch Werner Hansch zu Wort kommen zu lassen, wird er mit der Veröffentlichung noch ein bisschen warten. Werner verweist Tobias Blasius an seinen Anwalt Alfons Becker, die beiden werden miteinander telefonieren. Doch lange, da gibts für Werner keinen Zweifel, wird auch Alfons Becker den Journalisten nicht mehr vertrösten können, nicht mehr aufhalten. Irgendwann wird die ganze Welt die Wahrheit erfahren. Dann ist sein Spiel aus, dann hat er endgültig verloren. Und zwar alles. Frau, Haus, Geld, Ruhm. Mehr geht nicht.

Werner fühlt sich wie ein Mann, der am Rand des Abgrunds steht. Ein einziger letzter Stoß reicht aus, um ihn in die Tiefe zu stürzen.

Kapitel 18
Leben
SAT.1 - ein »Knallbonbon«

Werner Hansch ist ein gefragter Mann, dribbelt mit seinem Wortschatz sogar auf einem bisher unbekannten Spielfeld. Er schreibt für die Süddeutsche Zeitung, also ein renommiertes Blatt, das in der Champions League des Journalismus spielt, eine TV-Kritik; nicht über irgendeine Sendung, sondern über das Kult- und Kunstspektakel im ZDF, über Das Literarische

Quartett. Was Günter Netzer für den Fußball war, ist Marcel Reich-Ranicki für die Buchkritik: ein Star. Herbert Wimmer, genannt Hacki, der unermüdlicher Dauerläufer, spielte Netzers Wasserträger, diese Rolle übernimmt in der Sendung der belesene Hellmuth Karasek, der aber meistens vom großen Chef mit Glatze und dicken Brillengläsern heruntergeputzt wird.

Wie könnte es anders sein: Auch diesen Abstecher in die Welt der Kunst, die Werner von Jugend an liebt, meistert er brillant. Sein Fazit im letzten Kapitel des Textes: »Die Show muss weitergehen, denn ich mag diese Show, ihr Unterhaltungswert übertrifft alles, was uns sonst so aus Quasselbuden über den Bildschirm entgegenflimmert. Aber ein Buch, das Reich-Ranicki empfohlen hat, habe ich noch nie gekauft. Ich spüre eine innere Verweigerung, das Dictum des Papstes am Ende bestätigt zu finden. Irgendwo bin ich wohl allergisch gegen Päpste, aber sehr anfällig für gute Unterhaltung.«

Schon immer hatte der Reporter kleine wie große Auftritte. 1982 bekommt er eine Nebenrolle in dem Kinofilm Die Heartbreakers von Peter F. Bringmann. Er mimt einen Bankdirektor, der Rockkonzerte ansagen darf. Fünf Jahre lang moderiert Werner vor 10 000 Zuschauern in der stets ausverkauften Dortmunder Westfalenhalle das Sportpressefest. Er begleitet als Conférencier von Schönheitswettbewerben mit charmant-schmeichelnden Worten Bikini-Trägerinnen über den Laufsteg, um dann keine Hemmungen zu haben, beim nächsten Mal die Modenschau für Korpulente in wohldurchdachte Formulierungen zu kleiden. Frank Elstner, der Erfinder und erster Moderator von Wetten, dass ...?, setzt auf seine neue Show Nase vorn, und Werner wird für eineinhalb Jahre sein Assistent. Als Außenreporter kommentiert er Trabrennen mit Prominenten im Sulky. »Einige mussten wir wegen ihrer Körperfülle in den Sulky hieven«, verrät er. »Ich hatte immer Angst, dass etwas passiert. Gott sei Dank ist alles gut gegangen.«

Werner kommentiert Spiele mit Fußball-Legenden so lebhaft, dass wir glauben, Uwe Seeler hätte seinen dritten Frühling. Und er versteigert für George Ahlmann Traber. Der ehemalige Trabrennfahrer, dessen Sohn und Springreiter Christian seit Jahren mit Cöster und anderen Pferden von Sieg zu Sieg eilt, gibt seinen Stall auf, die Pferde kommen unter den Hammer.

Was anfangs ein Freundschaftsdienst für Schorsch Ahlmann ist, entwickelt sich zum lukrativen Job. Die Auktion bleibt nicht ohne Folgen. Werner bekommt neue Aufträge als Auktionator. Jahrelang wird Werner die Jährlingsauktion auf der Trabrennbahn Berlin-Mariendorf am Tag vor dem deutschen Traber-Derby leiten. Mit Smoking, Zylinder und Fliege, mit zwei Hämmerchen in den Händen lässt Werner sich auf einem Hubwagen in die Höhe ziehen, um alles im Blick zu haben: die Pferde, die vorgeführt werden, das Publikum, das ihm gebannt zuhört, wenn er vom Gang und Körperbau der Pferde, den Erfolgen der Geschwister und Eltern schwärmt. Gesehen hat er die Zossen vorher nicht.

Besser als BILD-Journalist Wolfgang Wedemeier in seiner Reportage kann man seine Auftritte nicht beschreiben: »Hansch ist als Auktionator ein kleiner Dämon, ein Meister der Verzögerung. Immer wenn der Hammer zum dritten Mal runtersausen soll, hielt er noch mal inne. Und animierte seine Kunden mit launischen Sprüchen.«

Ironie des Schicksals: Werner, der mit Pferden eine Menge Geld verdient, wird irgendwann mit Pferden ein Vermögen ausgeben.

Zuvor hat schon der steinreiche Günter Herz den Pferdeflüsterer aus Recklinghausen für seine jährliche Auktion verpflichtet. Herz leitet eine riesige Unternehmensgruppe, unter anderem gehören zum Konzern Tchibo und Reemtsma. Werner ist restlos begeistert von dem wunderschönen Gestüt im Ort Lasbeck nahe Lübeck, das der Vater seinem Sohn vererbt hat. Herz jun. züchtet hier Traber. Werner versteht sich auf Anhieb mit dem Gastgeber, wohl auch, weil er mag, dass einer der reichsten Deutschen nicht abgehoben hat, so natürlich geblieben ist. Beim ersten Besuch in Lasbeck beobachtet er einen Mann, der mit dem Rad das riesige Areal abfährt und aus dem Sattel steigt, um Kaugummipapier und andere Abfälle einzusammeln. »Wer ist das?«, fragt er einen Stallburschen. »Kennen Sie den nicht? Das ist Herr Herz.«

Zu den Auktionen reisen Pferdefreunde und Bieter an, die bereit sind, 200 000 Mark und mehr für ein Pferd auszugeben. Das macht einem wie Werner besonderen Spaß, die Hämmerchen hüpfen vor Freude, lassen sich Zeit, wollen nicht zu schnell auf den Auktionstisch donnern.

Werner hat für den Formel-1-Wahnsinn nichts übrig. Er hält den Motorsport für »umweltschädigenden Unsinn« und so antwortet er auch bei einem festlichen Abendessen auf die Frage von Günter Herz. Was er nicht weiß: Es ist ein Unsinn, der den Unternehmer jährlich 100 Millionen Mark kostet, um den Schriftzug »West«, eine Zigarettenmarke von Reemtsma, auf die Flitzer von McLaren zu lackieren. Es ist nicht zu überhören, dass seine Antwort sein Gegenüber schockt. Der Milliardär lehnt sich weit nach vorn und ruft quer über den Tisch seiner Frau zu: »Hast du gehört, wofür wir Millionen ausgeben?«

Werners Ehrlichkeit wird fürstlich belohnt. Die Marketingleute von Reemtsma laden ihn zu einem Formel-1-Rennen ein. Werner darf sich aussuchen, wohin er kostenlos fliegen möchte: Australien, Malaysia, Brasilien, egal. Er entscheidet sich für einen Klassiker, für das Spektakel in Monte Carlo. Es ist ein Wochenende im Luxushotel mit Chauffeur und Champagner, mit Hummer und dröhnenden Motoren von teuren Rennwagen, die durch den Tunnel jagen.

Werner, der Unermüdliche, der jeden Samstag im Einsatz ist, zu Fußballweltmeisterschaften düst und Endspiele kommentiert, ist auf dem Zenit seiner Karriere angekommen.

Er wird mit Preisen überhäuft. 1994 nominiert für den Grimme-Preis, zeichnet ihn drei Jahre später RTL mit dem Goldenen Löwen für seine Bundesligaberichte aus.

1997, das ist sowieso das Jahr, das seine Laufbahn krönt. Schalke 04, der Verein, mit dem alles begann, in dessen Glückauf-Kampfbahn Werner Hansch den Spielern Startnummern gab, trifft in den Endspielen um den UEFA-Cup auf Inter Mailand, hat nach dem 1:0-Erfolg im Heimspiel, Torschütze Marc Wilmots, »eine Hand am Pokal«, wie Werner vor dem Anpfiff des Rückspiels im Guiseppe-Meazza-Stadions feststellt. »Die Frage ist nur, wie kriegen wir die zweite dran?«

Schon aus dem Tonfall hörten wir raus, unser Kommentator ist seiner Sache ganz und gar nicht sicher. Vor 81 700 Zuschauern ist die Star-Truppe von Inter nicht nur für ihn Favorit gegen die Königsblauen.

120 Minuten plus Elfmeterschießen müssen die Schalker Fans bangen, muss Werner alles geben. Und er gibt alles.

In der 85. Minute gehen die Italiener in Führung. Werner sagt nur zwei Worte, nennt nur den Namen des Torschützen: »Ivan Zamorano« und schweigt, weil in diesem Moment ihn sowieso keiner hört, weil nicht nur ganz Schalke aufstöhnt und flucht.

Die Verlängerung, die 109. Minute, Großchance für Inter. Ivan Zamorano flankt, Maurizio Ganz hebt den Ball gefühlvoll über Torwart Jens Lehmann, fast in Zeitlupe senkt sich die Kugel in Richtung Tor ... und prallt dann doch von der Latte ins Feld zurück. »Glück für Schalke, Glück für Schalke«, schreit Werner und meint wohl auch sich selbst, als er den 30 000 Fans beim Public Viewing im Parkstadion und allen Schalker Anhängern rät, durchzuatmen.

Werner holt alles aus seinem Puster, wie er sein Mikro nennt, heraus, leidet mit den Schalkern, die sich zum Elfmeterschießen quälen, bittet sogar den Weihbischof von Essen und

das Schalker Vereinsmitglied um Beistand. »Der soll uns jetzt die Daumen drücken.«
Ein Krimi, ein Drama, eine Reportage, mit der Werner Hansch endgültig die königsblauen Herzen erobert.
Das Elfmeterschießen.
1:0 für Schalke, Ingo Anderbrügge, »ein Knallbonbon«. Jens Lehmann pariert den Elfer von Ivan Zamorano. »Gehalten. Jens Lehmann. Gehalten!«
2:0 für Schalke, Olaf Thon. »Drin das Ding!«
2:1, Youri Dorkaeff verkürzt.
3:1. Martin Max, der Junge aus Recklinghausen. »Pagliuca verladen!«
Unglaublich: Aron Winter verschießt. Werner hat es schon vorher geahnt. »Der hat doch im ganzen Spiel nichts gebracht«, stöhnt der vor dem Fehlschuss.
Und dann die Erlösung, 4:1 für Schalke, Marc Wilmots läuft an, schießt ins untere linke Eck.
»Drin das Ding. Und Schalke hat es.«
Wie gerne hätte er den Jubel über den Sieg hinaus aus dem Mailänder Stadion, hinweg über die Alpen nach Deutschland, bis nach Schalke und noch viel weiter geschrien. Fußball-Glück, Gänsehaut: Die Eurofighters haben den Pokal gewonnen.
Doch in den Minuten der grenzenlosen Freude bleibt der Reporter verhalten; die Worte des Triumphs wollen gar nicht aus ihm heraus, seine Stimmbänder spielen nicht mit. Für ihn läuft die Explosion der Gefühle im Stillen ab. Die Situation, sie ist so unwirklich für ihn. Vor fast genau 25 Jahren begann die Karriere von Werner mit Schalke als völlig überfordertem Stadionsprecher, und jetzt darf ausgerechnet er den größten Erfolg der blau-weißen Vereinsgeschichte kommentieren. Der sonst so besonnene Medienmann ist überwältigt von seinen Gefühlen.

Hansch im Pech. Ende 1997 verletzt er sich beim Tennisspielen, humpelt im November auf Krücken zur Telestar-Verleihung im Kölner Maritim-Hotel.

Werner rechnet sich keine Chance aus, er und seine Kollegen sind nominiert in der Abteilung »Beste Dokumentation«, und da ist die Konkurrenz groß. »Meine läppische Fußball-Reportage aus Mailand musste sich mit anspruchsvollen politisch-sozialen Beiträgen, unter anderem von Christoph Lütgert und Gero von Boehm, messen.«

Die Spannung steigt. Ulrich Wickert betritt die Bühne. Ausschnitte aus allen nominierten Dokumentationen werden gezeigt. Nun öffnet Ulrich Wickert betont langsam den Briefumschlag. Er zieht das Schreiben aus dem Kuvert, guckt noch einmal kurz auf den Text. Und liest vor: »Der Telestar 1997 geht an ... Werner Hansch.«

Elf Monate später wählen ihn die Leser der Sport BILD zum besten Sportkommentator. 1996 wurde er Dritter, 1997 Zweiter. Diesmal, im Oktober 1998, wird er im Hamburger Hotel Treudelberg als Sieger gefeiert. Er verweist Marcel Reif auf Platz 2. Die beiden Männer am Mikro, 1988 die beliebtesten deutschen Sportreporter, haben eins gemeinsam: Als Kinder sprachen sie anfangs nur Polnisch.

Was soll jetzt noch kommen? Man könnte, ganz im forschen Werner-Hansch-Reporterstil, sagen: Er schwebt auf Wolke 7. Nie war die Hölle, durch die er gehen wird, weiter entfernt als an diesem Tag.

Kapitel 19
Sucht
Schock auf Seite 3

Anfang 2020. Die Ereignisse überschlagen sich. Seit Jahren moderiert Werner in Herne die Sportlerwahlen. Für ein Vorbereitungsgespräch am 8. Januar 2020 braucht er nach langer Zeit wieder seinen Wagen. Werner fährt vorsichtig, er kennt die Strecke, auch die Stelle, an der sich die Autobahn A45 von drei auf zwei Spuren verjüngt.

An diesem Morgen ist dichter Berufsverkehr, einige Fahrer versuchen auch heute wieder, im letzten Moment rechts herüberzukommen, auf die mittlere Fahrbahn. Die vor ihm fahrenden Fahrzeuge müssen abrupt abbremsen, auch sein Vordermann tritt brutal auf die Bremse. Werner hat kaum 60 km/h auf dem Tacho, als er auffährt. Trotzdem gibt es einen kräftigen Rumps, die Airbags fliegen aus der Verkleidung. Im Gegensatz zum Wagen des Vordermanns ist sein Auto schwer beschädigt. In der Aufregung ahnt Werner noch nicht: Sein Wagen hat sogar einen Totalschaden.

Gemeinsam schieben sie beide Wagen auf den Seitenstreifen, kein leichtes Unterfangen in dem hektischen Verkehr. Der Unfallbeteiligte besteht darauf, die Polizei zu verständigen. Er verspüre nach dem Aufprall plötzlich Schmerzen im Nacken, will einen Arzt aufsuchen. Es ist ihm wohl eingefallen, dass es nicht schädlich sein kann, bei solch einem Auffahrunfall einen kleinen Körperschaden davongetragen zu haben oder einen Schlag in den Nacken. Was das für ihn heißt, weiß Werner: Er könnte eine Anzeige bekommen, weil er einen Unfall mit fahrlässiger Körperverletzung verschuldet hat. Da drohen saftige Strafen.

Die Polizei nimmt den Unfall auf. Sein Wagen wird abgeschleppt. Werner sitzt vorne neben dem Fahrer, sieht im Rückspiegel sein demoliertes Auto und wohl auch sein verkorkstes Leben. Er könnte heulen vor Verzweiflung. Die Staatsanwaltschaft ermittelt, die Polizei hat er auch am Hals, WAZ-Journalist Tobias Blasius sitzt ihm im Nacken, Wolfgang Bosbach hat noch immer nicht sein restliches Geld. Und sein Auto ist Schrott. Was soll jetzt noch kommen?

Werner kann sich das Abonnement für die WAZ nicht mehr leisten. Fast täglich geht er zum Kiosk, kauft sich eine Ausgabe. Er muss sich beherrschen, die Zeitung nicht sofort durchzublättern. Er wartet, bis er zu Hause ist.

Werner ruft Christian Stiebling an. Er kennt den erfolgreichen Reifen-Großhändler von einem Treffen. Da sprachen sie über eine Veranstaltungsreihe, die Werner in der Schalker Arena für die Reifenfirma Falken moderieren könnte; Stiebling bezieht auch von diesem Hersteller seine Reifen. Doch Falken, ein japanisches Unternehmen, bleibt nicht Sponsor der Königsblauen, die Pläne platzen. Dabei hätte Werner die Gage dringend gebrauchen können.

Werner hat Glück. Er erreicht den Großhändler im Auto auf dem Weg zum Flughafen. Minuten später hätte Christian Stiebling im Flugzeug gesessen. Werner redet nicht lange drumherum. Er schildert ihm eindringlich seine Not. »Lieber Christian, ich brauche dringend Geld, ich kann nicht anders, als dich anzupumpen. Ich stehe mit dem Rücken zur Wand. Und zwischen mir und der Wand passt nicht mal ein Blatt. Kannst Du mir helfen?«

Christian Stiebling reagiert schnell. »Gib mir zehn Minuten. Ich rufe gleich zurück«, sagt er und hält Wort. Sein Rückruf lässt Werner aufatmen. In der Herner Firmenzentrale hat der Geschäftsmann ein Kuvert auf dem Schreibtisch in seinem Büro hinterlegen lassen. Werner kann die 2500 Euro sofort abholen.

Zwei Daten wird Werner nie vergessen. Ist es Zufall oder Fügung? Ist es die gerechte Strafe für seine jahrelangen Lügen? Am 11. Februar 2020 überweist Werner Wolfgang Bosbach die restlichen 2500 Euro des Darlehens per Blitzüberweisung, die 15 Euro kostet. Einen Tag später, am 12. Februar 2020, geht Werner wie gewohnt zum Zeitungskiosk, kauft die WAZ. Auf dem Heimweg hat er ein ungutes Gefühl, er hat Angst, die Zeitung aufzuschlagen. Er wartet, bis er wieder zu Hause ist, setzt sich auf die Couch in seinem Wohnzimmer. Und traut seinen Augen nicht, als er die Seite 3 aufblättert. Es ist wie ein schrecklicher Traum: Er starrt auf ein großes, vierspaltiges Foto. Es zeigt ihn und Wolfgang Bosbach nach dessen Laudatio bei der Gala in der Alten Kaue der ehemaligen Zeche Hansemann. Der Politiker lächelt, hält den Steiger Award in seinen Händen. Werner schaut ihn ungläubig an, peinlich berührt von der Lobeshymne.

Unter dem Foto steht die große Enthüllungsreportage von Tobias Blasius. Und Werner und die Welt können nachlesen, wie er Wolfgang Bosbach betrogen hat.

Werner glaubt natürlich, dass eigentlich nur Wolfgang Bosbach die Informationen an die Redaktion weitergegeben haben kann, er ist stinksauer auf den Politiker, der so gern den Wohltäter spielt.

»Das war für mich, als wäre ich mit dem Schweinebolzen zwischen die Hörner getroffen worden«, sagt Werner später in einem Interview mit der Augsburger Zeitung. So kurios es klingt: Er sei aber Wolfgang Bosbach auch dankbar, »weil die Veröffentlichung dieser Geschichte mir klargemacht hat, dass ich nicht mehr einen Zentimeter Luft habe, auf dieser Zockertour weiterzumachen, sondern ich muss umkehren. Ich brauchte offenbar genau diesen Schuss«.

Werner hat den »heißesten Punkt der Hölle« erreicht. Diese Hölle, das ist für ihn kein verfluchter Ort, es ist ein quälender, alles zerstörender Prozess. Mehr als zehn Jahre hat ihn die Spielsucht mit ihrer unglaublichen Kraft befallen, verändert, Tag für Tag mehr in die Tiefe gezogen. Sie hat ihn vernichtet, zerrissen. Seine Seele, seine Abwehrkräfte, sein eigenes Ich.

Aus dem braven, selbstbewussten, empathischen Bürger Werner Hansch wird der betrügerische, willenlose, in seinem Handeln unerträgliche Zocker, der alles verliert. Seine Würde, die Selbstachtung, den Anstand, die Kontrolle über sich selbst. Die Lebensfreude. Die Sucht entreißt ihm alles, was ihm wertvoll ist. Seinen Ruf, sein Vermögen, seine gesicherte Zukunft und das Wichtigste: die Liebe zu seiner Moni.

Die Gedanken an sein krankhaftes erbärmliches Doppelleben zehren noch heute jede Nacht an seinen Kräften. Er schaut immer und immer wieder in die Fotoalben, die Monika mit Erinnerungen an stilvolle Partys im eigenen Garten und an so viele Kreuzfahrten gefüllt hat. Doch auf Bildern von sich selbst sieht er nur eine leblose Hülle, ein Skelett der Sucht, das Idylle vorspielt, in die Kamera lächelt, neue Gäste umarmt und mit einer launischen Rede allen einen schönen Abend wünscht. Fotos zeigen einen Mann, der mit einem Gläschen Champagner an der Reling steht und verträumt Richtung Horizont schaut. Nur Werner weiß: Es sind aber keine traumhaft-schönen Momente zum Genießen, es ist das verlogene Spiel der Gefühle eines verzweifelten Suchtkranken, der seine Verzweiflung unter einem Smoking versteckt.

Aber nun spürt Werner: Er muss endlich heraus aus dieser Hölle, heraus aus diesem verdammten Leben. Und im Kopf schwirrt nur noch ein Gedanke: Wie konnte es passieren, dass die Sucht ausgerechnet ihn befällt, später total beherrschen und in den Abgrund stürzen wird?

Er ahnt, dass die Hölle auf Erden nicht mit dem ersten Schritt in das Wettbüro von Henry Kalkmann begann. Er verwettete sein Leben, weil er die Chance verzockte, sich rechtzeitig die Sinnfrage zu stellen.

Die Antwort auf die nicht gestellte Frage gab ihm der Spielteufel.

Kapitel 20
Leben
Ein peinlicher Auftritt

Werner Hansch, der ehemalige Radiomann, steigt auf zum Chef-Kommentator ran, der SAT.1-Fußballshow, zu einem Fernsehstar, der seine Popularität ausgiebig vermarktet. Er ist zu Gast bei »Zimmer frei«, der Kultsendung des WDR-Fernsehens mit Götz Alsmann und Christine Westermann. Er wird hofiert von Firmen, die ihre Events mit dem sprachgewaltigen Entertainer schmücken. Sein Arbeitgeber SAT.1

lässt sich 1997 nicht lumpen, bindet Werner mit einer saftigen Gehaltserhöhung an den Sender.

Werner liebt seine Bundesligaeinsätze im Osten, obwohl die Anreise beschwerlich ist. Mit seinen beiden Kollegen, welche die TV-Berichte zusammenschneiden, fliegt er jedes Mal nach Berlin, von dort aus geht es 200 Kilometer weiter mit dem Mietwagen nach Rostock. In der Hansestadt an der Ostsee, aber auch in Cottbus wird er so herzlich empfangen wie sonst nirgendwo anders. Schon vor der Wende kannten die Fußballfans in der DDR seine Stimme, wenn sie unerlaubt Westradio hörten. Durch die Sportschau und ran hat seine Stimme ein Gesicht bekommen. Auf dem Weg zur Sprecherkabine muss er an der Haupttribüne vorbei und wird lautstark mit Sprechchören gefeiert. Die Herzlichkeit, die Begeisterung der Zuschauer rührt ihn, er winkt zurück. Als Gast in Talkshows in den neuen Bundesländern füllt er große Hallen; die Fußballanhänger lassen es sich nicht nehmen, den Mann am Mikro einmal live zu erleben.

An einem Spieltag passiert, was nicht passieren darf. Auf der Autobahn nach Rostock geht nichts mehr. Werner und seine beiden Kollegen stehen mit ihrem Wagen im Stau, es gibt kein Vor und kein Zurück mehr. Kurzzeitig erwägt SAT.1, einen Hubschrauber einzusetzen, um das Trio zum Ostseestadion zu fliegen. Doch der Plan geht nicht auf.

Das Spiel von Hansa gegen den FC Bayern beginnt pünktlich um 15.30 Uhr, das Trio trifft erst 15 Minuten später ein; da steht es bereits 1:0 für die Gäste durch ein Tor von Mehmet Scholl. In Windeseile schneiden die Techniker die wichtigsten Szenen aus der Anfangsphase zusammen, und Werner kommentiert später so gekonnt, so lebhaft die Bilder vom gesamten Spiel, als wäre er hautnah dabei gewesen. Die Zuschauer im Stadion und am Bildschirm bekommen das stressige Vorspiel nicht mit.

Direkt nach der Pressekonferenz kehren Werner und seine Kollegen nach Berlin zurück, treffen völlig erschöpft erst am späten Abend im Hotel ein, in dem sie wie immer übernachten. Anders als sonst bleibt es diesmal nicht bei zwei, drei Bierchen in der Marlene-Bar.

2002 tritt er seine letzte große Reise zu einem wichtigen Turnier an, zur Fußball-Weltmeisterschaft nach Japan und Südkorea. SAT.1. besitzt zwar nicht die Rechte für Liveübertragungen, darf aber in einer bis zu 45 Minuten langen Zusammenfassung der deutschen Spiele täglich berichten.

Werner begeistern die Bedingungen überhaupt nicht. Er wohnt in mittelmäßigen Hotels, muss viel reisen, sich als einziger Reporter des Senders um die Spiele, aber auch um das Geschehen außerhalb der Stadien kümmern.

Es ist ein Stressjob, zumal sich die Mannschaft von Rudi Völler schwertut. Nach einem 8:0-Sieg gegen das erschreckend schwache Team von Saudi-Arabien reichen ein mühsames Unentschieden gegen Irland und ein 2:0-Erfolg gegen Kamerun fürs Weiterkommen.

Seine Schützlinge quälen sich durch die K.o.-Runden: 1:0 gegen die USA, 1:0 gegen Paraguay, 1:0 gegen Südkorea. Zu allem Überfluss muss im Halbfinale Michael Ballack mit einem Foul den Ausgleich der Gastgeber verhindern, sieht die Gelbe Karte und fehlt im Endspiel gegen die Brasilianer. Er wird später zum Fußballer des Jahres gewählt.

Wenn damals irgendjemand Werner erzählt hätte, dass er fast 20 Jahre danach drei Wochen lang bei Big Brother mit Ballacks Ex-Frau Simone unter einem Dach leben wird, Werner hätte ihn für völlig verrückt erklärt.

Im Finale reagiert Torwart Oli Kahn, wie wir ihn kennen: überehrgeizig. Er bleibt zwischen den Pfosten, obwohl er nach einem Kapselriss im Ringfinger der rechten Hand gehandicapt ist. Zwangsläufig macht er einen Fehler, schenkt Ronaldo den Treffer zum 1:0. Die Deutschen verlieren nach einem weiteren Tor von Ronaldo in letzter Minute mit 0:2.

Nach dem Schlusspfiff schildert Werner den ganzen Frust von Oli Kahn, der am Boden hockt, sich gegen den

Torpfosten lehnt, selbstverloren in den Nachthimmel schaut und wohl mit sich selbst hadert. Es ist nur ein schwacher Trost, dass er als bester Torhüter der WM-Endrunde ausgezeichnet wird und gleichzeitig auch als bester Spieler. Eine Ehre, die noch keinem anderen Schlussmann bei einer Weltmeisterschaft zuteilwurde.

Kurz darauf lädt Programmdirektor Michael Lion die ganze Reporter-Mannschaft zu einer Sitzung nach München ein, wahrscheinlich, um seine Mitarbeiter über die aktuelle Entwicklung des maroden Kirch-Imperiums, zu dem auch SAT.1 gehört, zu informieren. Im Zuge des Treffens spricht Michael Lion auch Werner an. Er sei ja nicht mehr direkt betroffen, sein Vertrag würde ja eh bald auslaufen, wenn er in Rente ginge.

Werner glaubt, er hört nicht richtig, weil er davon ausgeht, dass er einen unbefristeten Vertrag unterschrieben hat, der frühestens mit seinem Tod endet. Ein Leben ohne Mikro, ohne Bundesliga kann er sich gar nicht vorstellen. Völlig aufgebracht und irritiert stellt er Michael Lion zur Rede. Wie könne er so etwas behaupten, fragt er – und alle im Raum schweigen betreten. Ein peinlicher Auftritt.

Werner fliegt zurück nach Dortmund, eilt vom Flughafen direkt zur Wohnung. Noch im Mantel zieht es ihn in sein Büro, schnell hat er den Vertrag in der Schublade seines Schreibtisches gefunden. Auf der vierten, der letzten Seite schockt ihn der Satz: Der Vertrag endet automatisch mit dem Renteneintritt von Werner Hansch am 16. August 2003. Dann wird er 65 Jahre alt sein.

Werner weiß, was er zu tun hat. Er ruft Michael Lion an und entschuldigt sich.

Doch Michael Lion hat ein Trostpflaster für Werner. Die beiden treffen sich in Berlin. »Wir haben zwar die Rechte an der Bundesliga verloren, aber Rechte an der Champions League bekommen«, beginnt Lion das Gespräch. SAT.1 dürfe einige Spiele übertragen. Als alleinigen Reporter, so verspricht er Werner, hätte er ihn vorgesehen. Was mit Jörg Wontorra sei, fragt Werner nach. Sein Vertrag laufe aus, antwortet Michael Lion. Die Antwort, aber auch das finanzielle Angebot gefallen dem Mann aus dem Revier. Er sagt sofort zu.

Es kommt anders. Gerüchte besagen, dass die Verantwortlichen von SAT.1 versäumt hätten, den Vertrag von Wontorra fristgemäß zu kündigen. Fortan teilen sich die beiden Reporter die eh schon wenigen Spiele, die dem Sender zustehen. Und Michael Lion? Der kann sein Versprechen nicht halten, wird nur zwei Wochen nach dem Gespräch mit Werner im feinen Hotel InterContinental gefeuert. Er stirbt 2011 an einem Herzinfarkt.

2006 wechselt Werner als Kommentator zum Bezahlsender Arena, der schon im Folgejahr den Sendebetrieb einstellt. Der Reporter bekommt zwar noch zwei Jahre lang das volle Gehalt, aber das ist nur ein schwacher Trost für einen wie ihn, der sich längst an die Popularität gewöhnt hat.

Die Stimme des Ruhrgebiets, der Hörfunksprecher, der auch im Fernsehen Karriere machte, ist endgültig weg vom Bildschirm. Er sitzt auf dem Sofa in seinem Wohnzimmer, allein mit seinen Erinnerungen an eine glanzvolle Zeit.

Werner fühlt sich einsam, überflüssig, überfordert.

Viel zu lange hat er sich dagegen gewehrt, sich selbst die entscheidende Frage zu stellen: Was macht jetzt noch Sinn in seinem Leben?

Jetzt ist es zu spät.

Kapitel 21
Leben
Die verpasste Sinnfrage

2007. Kein gutes Jahr für einen, der gefühlt sein ganzes Leben lang ein Mikro in den Händen hält, der leidenschaftlich gern mit seinen Worten dribbelt, so wie einst nur Pierre Littbarski mit dem Ball. Der es gewohnt ist, der es genießt, dass man ihm nach Spielschluss anerkennend auf die Schulter klopft, dass wir seine Geschichten immer und immer wieder hören wollen. Geschichten von Schalkes Torwart Norbert Nigbur mit der Startnummer 1; vom geilen Tor, das die Sittenwächter aufschreckte; von Rembrandt, diesem wunderbaren Wallach, der zu Gold tänzelt; von Ingo Anderbrügge, der den ersten Elfmeter ins Netz hämmert ... ein »Knallbonbon«.

Und nun, da sitzt er allein auf der Couch in seinem Wohnzimmer, starrt auf die Wand, starrt auf das Telefon, aber das will nicht klingeln.

Es ist still geworden um den großen, beliebten Werner Hansch, zu still für ihn, der Muße, der Langeweile nicht kennt, nicht damit umgehen kann. Er spürt, wie sehr er dieses Leben geliebt hat, ja, wie er an diesem Leben klebt und an allem, was dazu gehört. Reisen zu großen Turnieren und Weltmeisterschaften, und natürlich darf er die Endspiele kommentieren, wer sonst. Er liebt den Nervenkitzel, den Stress und das Adrenalin pur am Mikro, an jedem Samstag, Punkt 15.30 Uhr aufs Neue, und immer ist er der einsame Mann in der Reporterkabine, der gleich Millionen mit Wortwitz begeistern soll, was für ein geiles Tor. Er braucht seine Auftritte als Talkgast, Moderator und Auktionator, einmal Entertainer, immer Entertainer, und was er abliefert, ist der Hammer, zum Ersten, zum Zweiten, zum Dritten ...

Aus. Vorbei. Abpfiff. Nur noch Erinnerung? Werner, mit 69 im besten Rentenalter, kann mit dem Ruhestand nichts anfangen. Er kennt Ehepaare, die entdecken sich neu, reisen um die Welt, starten durch. Moni, seine Lebensgefährtin, hat »Stress bis zur Halskrause«. Sie leitet ein Seniorenpflegeheim mit 150 Betten im Sauerland, macht sich morgens um 6 Uhr auf den Weg und kommt erst am Abend zurück. Zurück aus einer Welt, die nicht die von Werner ist.

Sie wird ihn später für immer verlassen, aber die Geschichte ist schon erzählt.

Er beneidet Großväter, die mit den Enkeln nachholen, was sie mit den Kindern verpasst haben. Seine Enkel Jacob und Ana sieht Werner nur zweimal im Jahr. Oli, sein einziger

Sohn, der ehemalige Assistent-Professor, wohnt mit seiner Familie in London.

Wer aus dem Koffer lebt, abends auf der Bühne steht und am Wochenende in der Reporterkabine sitzt, der hat keine Zeit für Familie und Freunde. Und auch nicht für Hobbys, die die Gemeinschaft fördern. Einzige Ausnahme: Werner spielt einmal in der Woche Tennis, aber auch damit ist Schluss, als die Tennisanlage in Castrop-Rauxel dichtmacht. Werner liest gerne Zeitungen und Bücher, hört klassische Musik – am liebsten allein. Ihm fehlt das Gefühl, gebraucht, geachtet zu werden, eine Aufgabe zu haben. Arena ist pleite, sein SAT.1-Büro in Dortmund längst geschlossen; das Mikro halten nun jüngere Kollegen in der Hand. Der Singvogel, wie er sich nennt, ist verstummt. Er darf nicht mehr trällern.

Und das macht Werner sprachlos.

»Ich wusste nicht, was ich machen sollte. Ich habe in ein schwarzes Loch geschaut«, sagt er heute und ergänzt. »Ins schwarze Loch hineingefallen bin ich erst später.«

Werner und die noch nicht gestellte Frage nach dem Sinn des Lebens, weil er die Antwort gar nicht wissen will, weil sich eigentlich gar nichts ändern soll. Es ist ja auch toll, wenn der Parkplatzwächter am Stadion mit einem freundlichen »Hallo, Werner« die Schranke öffnet, die Kellnerin im VIP-Raum ihm die Tasse Kaffee serviert, natürlich schwarz, ohne Zucker. Wenn gleich der Moderator im Studio nach München, Hamburg oder Dortmund schaltet und den großen Werner Hansch ruft, der sofort Vollgas gibt – so wie es die Millionen da draußen von ihm erwarten. Wenn er beim Einkaufen und Tanken, beim Flug in der First Class und Einchecken im Luxus-Hotel erkannt, hofiert wird und seine Meinung, sein Autogramm gefragt ist. Es ist ein Leben auf der Überholspur, beneidenswert aufregend und meilenweit weg vom Nichtstun auf dem Sofa.

Wer weiß es schon: Vielleicht, aber auch nur vielleicht, genügt schon eine Tür, die nur einen kleinen Spalt offensteht, reichen Bildschirme, auf denen Pferde, seine Pferde galoppieren oder traben, braucht es nur den Gedanken an einen Hauch von neuem Glück, um Werner hoffen zu lassen, dass sich sein Leben zum Guten wendet. Dass er alles, was er vermisst, zurückbekommt: die Sehnsucht nach Aufmerksamkeit und Erfolgserlebnissen; dieses Prickeln vor dem magischen Moment im großen Spiel, in dem sich entscheidet, ob du gewinnst oder verlierst.

Werners verzweifelte Verweigerung nach der Suche, seinem Rentner-Leben einen Sinn zu geben, soll keine Entschuldigung für seine neue Leidenschaft sein, die ihn krank machen wird. Es ist nur ein Versuch zu ergründen, warum Werner anfängt zu zocken und der Sucht verfällt.

Die verpasste Sinnfrage könnte bei der Antwort helfen, warum er durch die Hölle geht und bei Promi-Big-Brother landet.

Kapitel 22

Wende

Der Weg aus der Hölle

Der Artikel in der WAZ über die Betrugsanzeige ist der Wendepunkt in Werners Leben. Er treibt ihn nicht nur in die Enge, er rüttelt ihn wach, hält ihm die Realität vor Augen; eine Wahrheit, die Werner vor Monaten sich noch nicht eingestehen wollte. Er ist spielsüchtig, krank. Er braucht Hilfe, folgt dem Ratschlag seines Anwalts und vereinbart einen Termin mit einem Therapeuten in der Dortmunder Innenstadt.

Es ist der Wendepunkt in diesem Buch, das bisher das Leben von Werner Hansch sowie seinen Weg zur Sucht schilderte. Beides gehört zusammen. 2007 ist der Reporter endgültig weg vom Bildschirm. Viel zu lange hat er sich geweigert, die Sinnfrage zu stellen: Wie geht es mit mir weiter? Was kann ich nun machen auf der Zielgeraden des Lebens? Wo werde ich noch gebraucht? Kurz darauf wird er erstmals ein Wettbüro betreten. Es ist der erste Schritt ins Verderben.

Im zweiten Teil des Buches begleiten wir ihn auf seinem Weg aus der Hölle. Wir folgen ihm 2020 ins Promi-Big-Brother-Haus und als Botschafter, der anderen im Kampf gegen die Sucht hilft.

Kapitel 23
Wende
Die Therapie beginnt

Werner fährt im Mai 2020 mit gemischten Gefühlen zum ersten Therapie-Gespräch, ein Aufzug bringt ihn zum Büro in der vierten Etage. Das Treffen verläuft ziemlich unspektakulär. Werner sitzt auf einer Couch, sein Gegenüber auf einem Stuhl. Beide tragen Masken. Die Corona-Krise hat längst begonnen.

Werner beginnt, die Geschichte seiner Sucht zu erzählen, vom ersten Wettbüro-Besuch in Recklinghausen bis zur Anzeige von Wolfgang Bosbach und zum Bericht in der WAZ. Er lernt, seinen Absturz in Worte zu fassen, ehrlich, offen, schonungslos. Er verheimlicht nichts; nicht die Scham über seine Lügengeschichten, um an neues Geld zu kommen, nicht die Verzweiflung, als Moni ihn verlässt, nicht seine Träume von einer Glückssträhne, nicht die Angst, dass die ganze Welt erfährt, dass der Reporter jämmerlich versagt hat.

Der Psychologe macht sich Notizen, unterbricht ihn nur gelegentlich, um nachzufragen. Nach einer Stunde ist Schluss.

Nach fünf Sitzungen wechselt Werner den Therapeuten. Er fühlt sich bei dessen Nachfolger mit seiner »pathologischen Spielsucht« besser aufgehoben. Er versäumt keinen Termin und bleibt auch nach seinem Sieg im Promi-Big-Brother-Haus in Therapie.

Werner setzt alles daran, um seine Krankheit in den Griff zu kriegen, um sie zu verarbeiten. Es tut gut, dass ihm jemand zuhört; es erleichtert ihn, dass er sich endlich öffnen kann.

Aber im Rückblick ist er sich sicher: »Eine ganz wichtige Rolle spielt meine ständige kritische Selbstreflexion, die jetzt wieder funktioniert. Sie hat mir sehr geholfen, mich von der Sucht zu entfernen.«

Immer und immer wieder fragt er sich: Was ist schief gelaufen in meinem Leben? Warum war ich so anfällig für die Wettleidenschaft? Reichte wirklich ein einziger Besuch beim Buchmacher, um die Krankheit auszulösen? Die Antwort fällt ihm schwer.

Er schließt sich einer Selbsthilfegruppe in Herne an. Bis zu zehn Teilnehmer sitzen bei den Treffen im Kreis. Jeder, auch Werner, offenbart sich, erzählt seine ganz persönliche Geschichte. Was sie verbindet, ist die Spielsucht, der Kampf gegen diese unterschätzte Krankheit, die verheerenden Folgen. Die meisten haben Partner und Freunde belogen, haben ihre Beziehung aufs Spiel gesetzt. Einige haben Arbeitsplatz und

Familie verloren, werden von Scham- und Schuldgefühlen geplagt, sind völlig überschuldet. Sie sprechen über Gefühle wie Hilflosigkeit, Angst, Depression, über die Ausweglosigkeit, über Gedanken, sich das Leben zu nehmen.

Alle haben eins gemeinsam: Sie haben die Kontrolle über sich selbst aufgegeben, spüren, dass sie ohne fremde Hilfe den Verführungen nicht widerstehen können.

Werner ist mittendrin und doch ein Exot. Er ist mit seinen 81 Jahren der mit Abstand Älteste; er ist der Einzige, der auf Pferde gesetzt hat, der Einzige, der in Wettbüros sein Vermögen verloren hat. Alle anderen zocken online, versuchen ihr Glück mit Fußballwetten und Casino-Pokern.

Natürlich gibt es noch Zocker, die auch in Wettbüros Fußballwetten abschließen. Werner weiß aus eigener Erfahrung von den zwei Welten in den Spielsalons. »In dem Raum, in dem ich zockte, waren wir selten mehr als zwei, drei Leute. Nebenan, wo es um Fußball ging, war es rammelvoll.« Er ist sich sicher, dass sich der Trend fortsetzt. »Nur mit Pferdewetten werden Buchmacher wie Henry Kalkmann nicht mehr stinkreich.«

Werner hört mit Interesse andere Perspektiven, ihm imponiert, wie sich beispielsweise ein 26-Jähriger gegen seine Krankheit stemmt. Jahrelang hat er mit Fußballwetten sein Gehalt verspielt, war beim Therapeuten, hat sich stationär in einer Klinik behandeln lassen. Er gibt zu, dass manchmal der Zwang immer größer wurde, wieder online sein Glück zu versuchen, dass nicht viel gefehlt hätte, und er wäre rückfällig geworden. Doch der junge Mann bleibt standhaft.

Dann kommt die zweite große Corona-Welle, der zweite Lockdown. Selbsthilfegruppen, nicht nur für Spielsüchtige, dürfen sich nicht mehr treffen. Video-Konferenzen scheitern an technischen Möglichkeiten. Wie einige andere auch, hat Werner keinen Laptop. »Ich bin wohl der letzte analoge Deutsche«, sagt er.

Werner vermisst den Austausch, ihm fehlen die Treffen, die ihm das Gefühl geben, dass er mit seinen Problemen nicht alleine ist. Anfang 2021 ruft er die Gruppenleiterin an, eine Frau, die an Daddelautomaten süchtig wurde. Er will wissen, wann es weitergeht.

Was sie ihm erzählt, bestürzt Werner: Die Hälfte der Teilnehmer ihrer Selbsthilfegruppe ist rückfällig geworden.

Werner hat kein Verlangen mehr, eine Zockerbude zu betreten – schon vor seinem Einzug ins Big-Brother-Haus nicht und danach erst recht nicht mehr. Seine neue Popularität ist eine hilfreiche Stütze. »Für mich ist die Tür zum Spielsalon, auch wenn sie nur einen Spalt offensteht, mit einer Bretterwand zugenagelt. Ich weiß doch, dass dahinter mindestens zwei Männer sofort ihr Handy zücken und mich fotografieren. Und schon am nächsten Tag würde BILD mein Foto bringen.«

Und es gibt noch eine gute Nachricht für Werner. Fünf, sechs Wochen nach seinem Unfall auf der A45 teilt ihm die Staatsanwaltschaft mit, dass das Verfahren gegen ihn eingestellt wurde. Der Vorwurf, einen Unfall mit fahrlässiger Körperverletzung verursacht zu haben, ist vom Tisch. Wenig später gibt auch das Ordnungsamt der Stadt Dortmund Entwarnung.

Werner braucht nicht einmal ein Knöllchen zu bezahlen.

Kapitel 24
Wende
Casting mit 81 Jahren

Werner spürt: Er ist auf dem richtigen Weg, bekommt seine Spielsucht in den Griff; nichts, aber auch gar nichts kann ihn jemals wieder in eine Zockerbude locken. Henry Kalkmann hat genug an ihm verdient. Der Buchmacher soll sehen, wo er bleibt.

Trotzdem. Werner geht es nicht gut. Die Einsamkeit schmerzt; nun schweigt sein Telefon mehr denn je. Es sind nur ehemalige Freunde, die einen einzigen Grund haben, warum sie ihn anrufen: Sie wollen endlich ihr Geld zurück. Auch Veranstalter melden sich, stornieren Engagements. Einem Moderator, der des Betrugs angeklagt ist, wollen sie keine Bühne geben.

Selbst sein Talk in Schwäbisch Gmünd wird abgesagt. Das tut ihm besonders weh, ist er es doch, der die erfolgreiche Gesprächsreihe in einer noblen Villa initiierte, der die Promis aus Sport, Politik, Kunst und Wirtschaft vermittelte.

Er könnte Honorare gut gebrauchen, um den riesigen Schuldenberg abzubauen. Längst pfändet das Finanzamt einen Teil seiner Rente. Der Rest, der ihm bliebt, reicht kaum zum Leben.

Es ist nur noch eine Frage der Zeit, bis die Bombe platzt, bis die Gerüchte und Vermutungen wahr werden, dass Werner pleite ist, gescheitert an sich selbst. Doch im Gegensatz zu früher schiebt er die Verantwortung für sein Desaster nicht mehr anderen zu. Er weiß, dass er schuld ist. Aber er weiß nicht, wie er das wiedergutmachen soll. Der Mann, der sich schämt, den die Verzweiflung nicht schlafen lässt, fühlt sich wie ein Reporter, dem sie das Mikro weggenommen haben: sprachlos, hilflos, machtlos.

Marc Stöckel, seit mehr als 20 Jahren sein Agent, gehört zu den wenigen, die seine Misere kennen. Nie hat er Werner im Stich gelassen, will ihm auch jetzt aus der Patsche helfen. »Werner, ich habe da vielleicht für dich etwas«, beginnt er sein Telefonat, und Werner horcht auf. Nein, von Promi Big Brother auf SAT.1 hat er noch nie etwas gehört, geschweige denn die Sendung jemals gesehen. Aber egal. Marc Stöckel will seine guten Kontakte zum TV-Produzenten Endemol nutzen, der jedes Jahr Prominente und die, die sich dafür halten, ins Promi-Big-Brother-Haus schickt.

Wen das Gewissen plagt, der darf keine Hemmungen haben. Für den zählt nur das Antrittsgeld, und das soll nicht von schlechten Eltern sein, wie Marc Stöckel betont.

Kurz darauf gibt der Agent grünes Licht. Die Programmmacher hätten Interesse, aber der Weg ins TV-Camp führe nur über ein Casting. Werner stimmt zu, es ist das erste Casting seines Lebens, ein Casting mit 81 Jahren. Was spielt es für eine Rolle, dass er mehr Sendezeit auf dem Bildschirm in die Show mitbringt als seine zukünftigen Mitbewohner zusammen.

Das TV-Produktionsunternehmen Endemol Shine ist für Big Brother verantwortlich, hat so erfolgreiche Formate wie Traumhochzeit, Mini Playback Show und Nur die Liebe zählt entwickelt und weltweit auf nicht mehr zu zählenden Kanälen veröffentlicht. Werner kennt Endemol von Rudis Hundeshow. Im Auftrag der Firma schickte Rudi Carrell Hunde über den Laufsteg, und Werner kommentierte mit launigen Worten den tierischen Schönheitswettbewerb.

Mit Marc Stöckel fährt er nach Köln, selbstbewusst, ohne jegliches Lampenfieber; er ist ja lang genug im Geschäft. Kathy aus der Endemol-Redaktion hat in einem Raum eine Kamera aufgebaut, er steht davor, sie dahinter.

Kathy stellt ihm Fragen zu seinem Leben und seiner Laufbahn, möchte zum Schluss wissen, was der einstige TV-Mann sich heute im Fernsehen ansieht. Werner antwortet spontan, ehrlich. Nein, mit Fußball hätte er nicht mehr so viel am Kopf, das verkomme ja zusehends zum Millionen-Geschäft. Aber für eine Sportart würde er sogar nachts aufstehen, und das sei Snooker, die Variante des Billards.

Kathy ist begeistert, weil selbst glühender Snooker-Fan, und sie schwärmen gemeinsam von Stars wie Ronnie O'Sullivan, Juud Trump und Kyren Wilson.

Irgendwie fühlt Werner, dass die gemeinsame Leidenschaft für Snooker das Eis gebrochen hat. Zuversichtlich kehrt er nach Dortmund zurück – und soll recht behalten.

»Werner, du darfst mir gratulieren«, sagt Marc Stöckel Tage später am Telefon: Endemol will ihn verpflichten.

Ausgerechnet auf SAT.1, dem Sender, der Werner Hansch vom WDR abwarb, wartet ein neues Abenteuer auf ihn.

Werner wird ins Big-Brother-Haus einziehen und möchte eigentlich gar nicht wissen, was ihn dort erwartet. Videos von vorherigen Sendungen, die ihm sein Agent zeigen will, sieht er sich nur ungern an. »Mach das aus«, habe ich ihm gesagt. »Ich wollte bewusst unvorbereitet in die Show gehen.«

Werner interessiert mehr das Antrittsgeld. Und das ist höher, als er es sich erträumt hat. Werner kassiert 80 000 Euro – aber nur, wenn er durchhält.

Kapitel 25
Wende
Quaratäne ohne Corona

Immerhin 20 Seiten brauchen die Juristen von Endemol, um die Rechte und Pflichten der neuen Bewohner vom Promi-Big-Brother-Haus im Vertrag zu fixieren. Aber was sind schon 20 Seiten für einen, der keinen anderen Ausweg sieht, um seine immensen Schulden zu tilgen, dem es genügt, dass ihn unter Punkt Honorar eine fette Zahl anlacht: 80 000 Euro, die er für seinen Auftritt erhält.

Was ihn im Container erwartet? Daran will Werner gar nicht denken, als er das Vertragswerk gründlich studiert und die drei wichtigsten Pflichten und Bedingungen verinnerlicht. 1. Nur wer die vorgegebenen drei Wochen durchhält, bekommt das Antrittsgeld. Wer auf eigenen Wunsch aussteigt, geht leer aus. 2. Was Big Brother anordnet, ist Gesetz. Bewohner, die sich nicht an seine Anweisungen halten, müssen sofort die Koffer packen. 3. Jeder Bewohner stimmt einer einwöchigen, streng einzuhaltenden Quarantäne zu.

Werner unterschreibt. Er wird mit 81 der älteste Kandidat in der 8-jährigen Geschichte von Promi-Big-Brother sein und damit das Zugpferd von SAT.1, um neue Zielgruppen zu gewinnen. Wahrscheinlich wird er auch der erste Promi sein, der gar nicht wissen will, auf welche zuweilen peinlichen Spielchen er sich einlassen muss.

Belesen wie er ist, kennt er natürlich den Roman »1984« von George Orwell. Dem englischen Schriftsteller ist schon mit »Farm der Tiere« ein aufsehenerregendes Buch gelungen, es ist eine satirische Fabel über den Sowjetkommunismus. 1948 schreibt Orwell den nächsten Bestseller, dreht für den Buchtitel die letzten zwei Ziffern um. Damit will er signalisieren, dass alles, was er uns erzählt, keine Utopie ist, sondern uns in Zukunft bedrohen wird. Seine Hauptperson ist Big Brother, den keiner kennt, den keiner sieht. Der mächtige Unbekannte dient dem Autor als Symbol für die staatliche Kontrolle und Unterdrückung, für unsere Unfreiheit. Er schürt die Eitelkeit mit Siegen, macht uns nieder, wenn wir nicht seinen Befehlen folgen

Big Brother is watching you   der Große Bruder sieht alles – seit 2000 auch fürs Fernsehen. Ihm entgeht nichts, per Kamera beobachten er und somit die Zuschauer am Bildschirm, wie Werner Hansch nackt unter der Dusche steht, zwei Bewohner, die sich gefunden haben, gemeinsam unter einer Decke stecken oder vollbusige D-Promis in überquellenden Bikini-Oberteilen sich einen Zickenkrieg liefern.

Werners Berater Marc Stöckel nutzt die Zeit bis zum Einzug, um für den »ersten Opa im Big-Brother-Haus«, Stimmen zu sammeln. Marc Stöckel stellt Videos auf die sozialen Plattformen, will Follower gewinnen; am Ende sind es mehr als 150 000. Die Filmchen zeigen Werner, der ein letztes Mal den Rasen gießt, der kurz vor der Abreise zum TV-Camp Geschirr spült, Schlafanzug und Nackenrolle in den Koffer packt. Der mit Mut und Zuversicht seinem Abenteuer entgegenfiebert.

Der 31. Juli 2020. Werner muss in Quarantäne, aber nicht aus Angst vor dem Corona-Virus. Der Countdown vor dem Einzug ins Big-Brother-Haus läuft, gleichzeitig auch der PR-Feldzug des Senders. Der Kampf um die Quote hat begonnen. Häppchenweise gibt SAT.1 die Namen der Bewohner bekannt, will mit pikanten Details aus deren Leben Zuschauern die Sendung schmackhaft machen.

Damit die Teilnehmer unvorbereitet ins Haus einziehen, nicht wissen, auf welche Mitstreiter sie treffen, isoliert Endemol sie eine Woche vor dem Start der neuen Show.

Ein Mitarbeiter des Senders holt Werner aus Dortmund ab. In Köln betreten Sie das Hotel durch den Hintereingang, fahren mit dem Lieferantenaufzug in ein oberes Stockwerk zu seinem Zimmer. Die Produktionsfirma will verhindern, dass sich zwei Promis durch Zufall begegnen, es gilt oberste Geheimhaltung. Werner weiß nicht, ob einer seiner Mitspieler vielleicht sogar im Zimmer nebenan wohnt.

Der ehemalige Radioreporter staunt nicht schlecht. Er muss sein Handy abgeben, der Fernseher kann kein Programm empfangen, er darf sich lediglich Videofilme ansehen. Werner bestellt »Let's Dance« und »Frühstück bei Tiffany« und ist einmal mehr begeistert von der hübschen Hauptdarstellerin Audrey Hepburn.

Werner ist es nicht erlaubt, sein Zimmer zu verlassen. Er muss auf Tageszeitungen und Magazine verzichten. Kellner klopfen an seine Tür, wenn sie ihm auf einem Tablett Frühstück, Mittag- und Abendessen bringen. Das Essen bestellt er einen Tag vorher auf einer Speisenkarte, Getränke nimmt er sich aus der Mini-Bar.

Auf Werners Nachttisch liegen zwei Karten, eine rote und eine weiße. Die rote Karte soll er unter der Tür herschieben, wenn es ihm schlecht geht, wenn er Hilfe benötigt. Mit der weißen Karte kann er signalisieren, dass er etwas braucht, beispielsweise Handtücher oder Zahnpasta.

Werner ist vollständig von der Außenwelt abgeschnitten, was ihn nicht stört. Ganz im Gegenteil: Er genießt seine luxuriöse Einzelhaft. »Ich war gezwungen, mich mit mir selbst zu beschäftigen und das zu machen, was ich wollte. Ich spürte, wie mir diese Lebensqualität lange Zeit entglitten war.«

Nur manchmal, da quälen ihn die Gedanken an die Zukunft, an die Gründe für seine Sucht: Wie konntest du nur so tief abstürzen, fragt er sich und findet keine Antwort.

Er lebt im Rhythmus der Mahlzeiten, duscht lange, liest viel. Drei Bücher durfte er in den Koffer packen. Eins davon hat Axel Hacke geschrieben. Der Titel des Spiegel-Bestsellers: »Über den Anstand in schwierigen Zeiten und die Frage, wie wir miteinander umgehen.« Werner macht sich Notizen auf einem Spickzettel. Das Wort Moni ist mehrmals unterstrichen.

Hinter ihrem Namen stehen Seitenzahlen. Und Fragezeichen. Viele Fragenzeichen.

Ganz wichtig für ihn: Er hat keine Entzugserscheinungen, vermisst in keiner Minute das Zocken, die Wettbuden von Harry Kalkmann in Recklinghausen und Dortmund sind weit weg.

Zweimal wird er auf Corona getestet, Ergebnis negativ. Wie einen Tag vorher angekündigt, wird er ärztlich untersucht. Der Mediziner, begleitet von einer Assistentin, ist völlig irritiert von den Blutdruckwerten. Werner hat 80 zu 120, wirklich erstaunlich für einen, der im Big-Brother-Haus seinen 82. Geburtstag feiern wird. Der Arzt hört das Herz ab, klopft die Lunge ab, fragt nach Medikamenten, doch Werner verneint. Er braucht keine.

Der kleine Mann mit dem Arztkoffer ist zufrieden, wünscht ihm alles Gute. Er hätte alle Möglichkeiten, durch die drei Wochen zu kommen.

Werner bedankt sich, ist in Gedanken schon einen Schritt weiter. Sieht die 80 000 Euro, die zum Greifen nah sind. Egal, was passiert, das Geld wird er sich nicht nehmen lassen.

Liegt es an seinem Alter? Wollen die Endemol-Manager sich selbst überzeugen, dass Werner wirklich fit ist? Jedenfalls darf er, begleitet von einem Endemol-Mitarbeiter, der ihn nicht aus den Augen lässt, für eine Stunde das Zimmer verlassen und in einem nahe gelegenen Park spazieren gehen. Ein wenig fühlt sich der Reporter wie ein Gefangener, der im Hof seine Runden dreht. Entkommen unmöglich.

Es geht los. Jeder Teilnehmer wird separat vom Hotel zu einem eher unauffälligen Verwaltungsgebäude gebracht, wird zu einem Raum geführt. Dort wartet Werner allein auf seinen Auftritt; er kennt diese Minuten der Anspannung, bevor er auf Sendung geht, bevor er in ausverkauften Hallen auf die Bühne muss.

Werner ist startklar für den Einzug ins Big-Brother-Haus. Er war in der Maske, hat sich umgezogen. Er trägt einen dunklen Anzug. Und ärgert sich ein bisschen, weil er fast fünf Stunden ausharren muss.

Endlich wird die Tür geöffnet, ein Endemol-Mitarbeiter bittet, ihm zu folgen. Beim Gang durch die Flure hört er das Gejohle der Zuschauer in der Arena. Diese Stimmung, die kennt er von früher, die hat er so vermisst. Diese Stimmung, die fängt ihn ein, die saugt er auf.

Werner ist bereit für ein neues Kapitel in seinem Leben, für das große Spiel um alles oder nichts. An den Sieg, an die Krone verschwendet er in diesem Moment keinen Gedanken.

Was auch immer ihn in den nächsten drei Wochen erwartet: Er will einfach nur durchhalten.

Kapitel 26
Wende
Einzug beim Großen Bruder

Das Abenteuer kann beginnen. Werner betritt die Arena, so heißt die Show-Halle mit den Gäste-Tribünen. Hier wird er mit seinen 13 Mitbewohnern auf Anordnung von Big Brother Aufgaben lösen, hier werden sie gegeneinander spielen, hier wird ihn gleich das Moderatoren-Duo, Marlene Lufen und Jochen Schropp, begrüßen. Doch zuerst muss Werner sich hinter eine Schattenwand stellen und mit Handbewegungen, mit Körpersprache einen Reporter spielen.

»Da war Stimmung in der Bude«, erinnert sich Werner – und legt nach den üblichen Begrüßungsfloskeln nach. Scheinbar spontan, als hätte er ein Mikro in der Hand, als sei er auf Sendung, überschlägt sich fast die Stimme des Ruhrgebiets: »Toller Abschlag auf die rechte Außenbahn, wunderbar mit der Brust angenommen, jetzt muss er flanken, er flankt. Kopfball, Toooor!«

Und ein schneller Volltreffer für den 81-jährigen Oldie, der »testen möchte, ob ich mit den jungen Kollegen mithalten kann«. Moderatoren und Zuschauer sind begeistert, Werner hat gleich zu Beginn ein Ausrufezeichen gesetzt, verdient sich den ersten stürmischen Applaus.

Danach wird es still, fast wehmütig. Seine Vorgänger nutzten die Chance, sich von Freunden und Bekannten in der Arena zu verabschieden. Aber Werner hat keinen Fan-Club mitgebracht, hat niemanden, dem er Tschüss sagen könnte. Er ist allein gekommen, geht langsam, fast bedächtig in Richtung Eingang zum Promi-Big-Brother-Haus. Werner, der Medien-Profi, zelebriert Schritt für Schritt seinen einsamen Weg.

Drei, vier Meter vor der Tür dreht er sich noch einmal um, schaut in Richtung Kameras und Tribünen. Er wendet sich ans Publikum in der Halle und daheim am Bildschirm: »Liebe Freunde, ich konnte mich von keinem verabschieden. Aber ich würde euch gern mitnehmen in den Wald und bitte euch, mich mit euren Gedanken zu begleiten.«

Mehr als 1,7 Millionen Fernsehzuschauer hören diese Botschaft des alten Mannes, den die Wettschulden in ein neues Abenteuer treiben. Ob Werner in diesem Moment daran denkt, wer vor dem Bild sitzt? Vielleicht Moni, seine ehemalige Lebensgefährtin, die ihn verlassen hat. Vielleicht Freunde, denen er noch Geld schuldet. Vielleicht Christoph Daum, den er nicht im Stich lässt, als der Trainer seine Kokainsucht gesteht. Vielleicht Kollegen aus seiner Branche, die neugierig sind, wie Werner diesen ungewöhnlichen Auftritt meistert.

Werner schließt die Tür, im Vorraum spricht ihn der Große Bruder zum ersten Mal an. Die dunkle, knarzige Stimme des großen Unbekannten kommt aus dem Off. »Werner, hier ist dein Koffer. Du darfst drei Sachen auspacken und mitnehmen.« Der neue Bewohner entscheidet sich für Latschen, Schlafanzug und Nackenrolle. Er ist der letzte Promi, der ins Big-Brother-Haus einzieht, die Mitbewohner warten im Wald schon auf ihn.

Bis auf Tennisspielerin Claudia Kohde-Kilsch, Sängerin Kathy Kelly und Simone Mecky-Ballack kennt er keinen. Auch nicht den Mann mit pechschwarzer Perücke und leuchtendrotem Adidas-Trainingsanzug: Ikke Hüftgold, Partyschlager-Sänger mit Ballermann-Vergangenheit, im bürgerlichen Leben Matthias Distel, ein überaus erfolgreicher Geschäftsmann aus Limburg. Die beiden verstehen sich auf Anhieb. Als die beiden nach drei Wochen das Big-Brother-Haus verlassen, sind sie Freunde.

Werners coole Begrüßung kommt gut an. »Hallo zusammen«, sagt er. »Ich bin der Neue. Aber ich bin auch der Alte.«

Neben der Arena teilt sich das Big-Brother-Haus in zwei Bereiche, in zwei ganz verschiedenen Welten. Das Märchenschloss bietet Luxus pur: mit bequemen Betten im gemeinsamen Schlafzimmer, mit zwei Sofas, einem Ohrensessel, Ikkes zukünftiger Lieblingsplatz, mit einer modernen Küche und einem immer gefüllten Kühlschrank im Gemeinschaftsraum. Endemol erfüllt den Bewohnern vom eisgekühlten Champagner bis zu den Zutaten für die Mahlzeiten jeden Wunsch. Kochen müssen sie selbst.

Zudem besitzen die Glücklichen, die im Märchenschloss verwöhnt werden, ein Badezimmer mit Dusche und Wanne sowie eine separate Toilette. Im Garten sonnen sie sich auf bequemen Liegen, klettern in einen Whirlpool, fläzen sich auf der ausladenden Couch mit Kissen und Decken.

Wenn Big Brother sie ruft, gehen sie in das geräumige Sprechzimmer und beantworten seine Fragen.

Den Wald mit dem kleinen See haben die Programmmacher eher spartanisch eingerichtet. Geschlafen wird entweder in einer einfachen Holzhütte oder, wenn es warm genug ist, draußen auf dünnen Turnmatten. Die Waldbewohner kochen auf einer offenen Feuerstelle, das Holz zünden sie mit Feuersteinen an. Zum Frühstück gibt es meistens Haferflocken mit Milch, mittags kochen sie Spaghetti mit oder ohne Tomatensoße, beim Abendessen muss häufig Brot reichen.

Einmal am Tag darf ein ausgewählter Dorfbewohner im kleinen Pennymarkt einkaufen. Er hat aber gerade mal 60 Sekunden Zeit, viel zu wenig, um die fünf bewilligten Euro auszugeben. Beim Versuch, den vollen Betrag einzusetzen, stürzen sich alle auf Nudeln, Toastbrot und Milch. Wenn das Team seine täglichen Aufgaben löst, erhalten sie Taler, die sie gegen zusätzliche Lebensmittel eintauschen. Doch richtig satt wird im Wald keiner. Und während sich die Märchenschloss-Bewohner jeder Zeit ein Bierchen gönnen können, müssen sich die Kontrahenten auf der anderen Seite der Mauer mit Wasser begnügen.

Nicht nur für Werner ist das rustikale Bad in einer einfachen Hütte gewöhnungsbedürftig, für alle steht nur ein Klo zur Verfügung. Das Klopapier ist häufig knapp, sie müssen ständig nachbestellen. Aus dem Kran fließt nur kaltes Wasser. Die Tür hat keinen Schlüssel. Wer aufs Örtchen muss, hängt das Holzschild »Besetzt« an den Griff.

Teller, Tassen, Gläser und Besteck spülen die Gäste von Big Brothers bescheidener Welt selbst, zur Märchenschloss-Küche gehört eine Spülmaschine.

Alle Bewohner kennen ihre Pflichten – und die Konsequenzen. Direkt nach dem Wachwerden müssen sie sich das Mikro und Senderkästchen an die Kleidung heften. Big Brother, der unsichtbare Herrscher, kennt kein Pardon, fordert mehrmals am Tag alle auf, die Akkus zu wechseln. Wer sich ihm widersetzt, seinen Anordnungen nicht folgt, muss unverzüglich raus aus seinem Haus und verliert den Anspruch auf sein Antrittsgeld. Die Dorfbewohner holt er zu Einzelgesprächen in die Räuberhöhle.

Dem mächtigen Meister, aber auch den Zuschauern entgeht nichts; sie sind live dabei, verpassen nichts: keinen Streit, kein internes Gespräch, keine Freudenausbrüche. Überall hängen Kameras, im Märchenschloss und im Wald, draußen und drinnen, nur ab der Klotür sind die Bewohner für sich.

Big Brother hat alles unter Kontrolle – nichts bleibt ihm geheim. George Orwells kühnste Fantastereien sind heute real, und wie wir wissen, nicht nur hinter den Fassaden der TV-Show.

Ist es sein Altersbonus? Auf jeden Fall darf Werner als Einziger die erste Nacht im Märchenschloss schlafen. Was er aber noch nicht weiß: Er wird die Hälfte der Zeit im Wald aushalten müssen – und irgendwann einmal so genervt sein, dass er drauf und dran ist, seinen Koffer zu packen und zu flüchten.

Kapitel 27
Wende
Werner packt aus

Schon am zweiten Tag kündigt sich Unheil an. Werner muss zurück in den Wald, wird von Big Brother in die Räuberhöhle zitiert. In dem kleinen Raum ohne Fenster und Bilder hängen zwei Kameras an der Wand, steht nur eine einfache Bank, auf die sich Werner setzen muss. Er ist allein, hilflos, angespannt. Er fühlt sich wie ein Angeklagter ohne Anwalt, der nicht weiß, was auf ihn zukommt. Plötzlich, aus dem Off, ertönt die

Stimme vom unsichtbaren Big Brother. Er sagt nur einen Satz, es ist eine Frage, die den 81-Jährigen aufschreckt, schockt: »Werner«, hört er aus dem Nichts, »warum bist du hier?«
Natürlich hat er diese Frage erwartet, irgendwann, da musste sie ja kommen. Endemol hat ihn nicht ohne Grund ins Big-Brother-Haus geholt, braucht Geschichten, Skandale, Sensationen, die sich vermarkten lassen, die Quote machen. Werners Berater Marc Stöckel hat ihn gewarnt, nicht zu früh die Karten auf den Tisch zu legen. Wer sein Pulver voreilig verschießt, langweile vielleicht das Publikum, fällt in Ungnade. Und das Publikum sei wichtig; es bestimmt, wer in der Show bleiben darf, wer raus ist aus dem 100 000-Euro-Spiel.

»Mir lief es eiskalt den Rücken runter, als mich Big Brother ansprach. Ich musste von einer auf die andere Sekunde entscheiden, wie ich antworte. Doch im Tiefsten meines Herzens spürte ich: Jetzt ist der Moment gekommen, wo der Elefant das Wasser lässt.«

Zwölf Jahre lang hat Werner geschwiegen, zwölf Jahre lang hat er alles verheimlicht: seine ersten Besuche in der Wettbude in Recklinghausen, sein verprasstes Vermögen und den Hausverkauf, die Lügengeschichten und Betteltouren, das Ende der Beziehung mit Moni und die Betrugsanzeige von Wolfgang Bosbach. Bisher kennen nur fünf Menschen seine Geheimnisse. Seine Anwälte Alfons Becker und Dr. Gennaro Festa, die zwei Therapeuten und natürlich sein Agent Marc Stöckel. Jetzt erfährt es die ganze Welt.

Nach zwölf Jahren entschließt sich Werner, auszupacken. Er spricht gegen eine Wand, aber sein Geständnis prallt nicht an einer Mauer ab, es wird gehört von dem Großen Bruder, der ihm keine Chance gibt, sich herauszureden. Werner wird gehört von mehr als einer Million TV-Zuschauern, die neugierig sind, was der einst so integre Radio- und Fernsehreporter verbrochen hat. Und sicherlich starren jetzt auch einige der Menschen gebannt auf den Bildschirm, die er schändlich betrogen hat, die sich jetzt hintergangen fühlen, die auf ihr Geld warten. Ihnen hat Werner bei seinem Outing nicht in die Augen geschaut. Er packt erst aus, als Big Brother ihm die Pistole auf die Brust setzt, ausgerechnet in einer Räuberhöhle. Der Name passt.

Werner beginnt zögerlich zu erzählen, aber dann sprudelt alles fast zwanghaft aus ihm heraus, und aus seiner Stimme spricht die Scham, die Verzweiflung, die Schuld, die er auf sich geladen hat. Er spricht von seiner Spielleidenschaft, seiner Sucht, seiner Krankheit, seiner Therapie. Werner schießen die Tränen in die Augen, er schluchzt, sein Körper bebt, aber alles, alles muss jetzt raus. Werner macht reinen Tisch, rechnet ab, aber nur mit sich selbst, lässt keinen Zweifel: Er ist ein Verlierer, der für seinen Absturz nur einen verantwortlich macht: sich selbst im verhängnisvollen, krankhaften Spiel um Glück und Eitelkeit.

Es sind Minuten und doch gefühlte Ewigkeiten, die ihn aufwühlen, erschöpfen ... und befreien. Er spürt, wie Lasten von seiner Seele, seinem Körper fallen, wie er durchatmet, und unwillkürlich denkt er an Christoph Daum und sein Geständnis in dem Kölner Hotel. Er saß neben ihm und fühlte, wie es Christoph Satz für Satz erleichterte, seine Kokain-Sucht endlich einzugestehen. Werner: »Jetzt war auch bei mir der Knoten geplatzt, im Innersten wurde mir bewusst: Ich muss mich nicht mehr verstellen, brauche keinem Menschen der Welt mehr etwas vorspielen. Ich bin auf dem besten Weg, wieder ich selbst zu werden.«

Als er aus der Räuberhöhle kommt, braucht er kein Wort zu sagen, seine Körpersprache lässt keinen Zweifel: Big Brother muss etwas ausgelöst haben, was Werner emotional bewegt, was Spuren hinterlassen hat. Seine Mitbewohner ahnen, da ist etwas Entscheidendes passiert, fragen aber nicht nach.

Werner geht seinen Weg weiter. Sie sitzen rund um die Feuerstelle auf Baumstämmen und der einfachen Couch, und er erzählt zum zweiten Mal die Geschichte, die mit dem vermögenden Medienstar beginnt und mit dem süchtigen

Zocker endet, der eine halbe Million Euro beim Buchmacher verliert. Die Zuhörer sind betroffen, einige machen ihm Mut, bewundern seine Offenheit. Andere müssen erst mal sacken lassen, sind überfordert von dem, was sie gerade gehört haben. Ikke Hüftgold, bekannt für nicht gerade einfühlsame Texte in seinen Ballermann-Schlagern, sagt leise zwei Sätze, die Werner nie vergessen wird. »Eins verspreche ich dir, Werner. Auch wenn du hier nicht gewinnst, Weihnachten bist du aus dem Schlimmsten raus.«

Kapitel 28
Wende
Isolierte Welt im Container

Werner und seine 15 Mitbewohner im Big-Brother-Haus leben in einer isolierten Welt. Ohne iPhones und Uhr, ohne Fernsehen und Zeitungen bekommen sie nicht mit, was draußen passiert. Werner hat nicht mal Kontakt zu seinem Berater. Der 81-Jährige weiß nicht, wie die TV-Zuschauer sein vom Großen Bruder erzwungenes Geständnis aufgenommen haben. Was wird überwiegen? Das Mitleid für den alten Mann mit den horrenden Schulden? Das Entsetzen über seinen tiefen Absturz? Die böse Kritik über seine Lügengeschichten? Die Hochachtung für seinen Mut, in das Big-Brother-Haus einzuziehen, um den selbst angehäuften Trümmerhaufen abzutragen? Werner ist überzeugt, dass er sich für den richtigen Weg entschieden hat. Einen Weg, der ihn aus der Hölle führen wird.

Und dennoch: Es geht ihm dreckig. Im Wald, wohl auf dem Gemeinschaftsklo, hat er sich einen Magen-Darm-Infekt eingefangen, hat Durchfall. Fast stündlich hängt er das Besetzt-Schild von außen an den Türgriff. Nach drei Tagen fühlt er sich besser, Big Brother hat ihm Tabletten besorgt.

Im Wald muss er auf harten Holz-Pritschen schlafen, bekommt Rückenschmerzen. Als ihm Big Brother eine Matratze in den Container schickt, muckt er erfolglos auf. Der Opa der Show will keinen Altersbonus.

Die Macher erlauben ihm, beim Duschen eine Badehose anzuziehen, denn auch im Bad laufen die Kameras rund um die Uhr. Werner lehnt das Angebot energisch ab. »Ich habe noch nie mit einer Badehose geduscht und werde es auch hier nicht tun.« Als er gerade unter die Dusche klettert, zeigt die Kamera, wie Emmy Russ durch den Türspalt schaut und Werner fragt, ob sie sich eben etwas aus dem Bad holen dürfe. »Na klar, komm rein«, sagt er und schmunzelt darüber, dass sich die 21 Jahre junge, ansonsten sehr freizügige Influencerin die rechte Hand als Sichtschutz vors Gesicht hält. »Ich glaube nicht, dass sie etwas außergewöhnlich Neues gesehen hätte.«

Eine Anordnung des Big Brother gefällt ihm überhaupt nicht. Wie alle anderen auch, muss er öffentlich zwei Mitbewohner nominieren, die seine Favoriten für den Rauswurf sind, und seine Gründe nennen. Werner nominiert mehrmals Emmy und lässt nie Zweifel an seiner Wahl. »Mein oberstes Kriterium ist: Wie bringt sich jeder in die Gruppe ein.« Das schürt natürlich Hass und Unverständnis, stört den Teamgeist und die Harmonie, sorgt für Unruhe und Dramatik: Bin ich der Nächste, der seine Koffer packen muss?

Big Brother will Streit, Missmut, Neid und Angst säen – und erreicht sein Ziel: in seiner märchenhaften zweigeteilten Welt, in Georg Orwells fantastischem Roman und im realen Leben. Spitzel und Spionagedienst gab und gibt es überall.

Die Zahl der Bewohner wird kleiner. Nach einer Eingewöhnungsphase schmeißt das TV-Publikum durch sein Votum täglich Promis aus dem Haus, aus der Sendung. Auch Werner wird zwei Mal von Mitstreitern nominiert, darf aber bleiben. An dem Gewinn der Krone und die 100 000 Euro verschwendet er noch keinen Gedanken, auch wenn ihn zwischendurch das Team auf Platz 1 des Rankings platziert. In der Rolle des Favoriten sieht er sich überhaupt nicht. »Ich habe so häufig auf Favoriten gewettet. Die haben alle nicht gewonnen. Deshalb gefällt mir eure Wahl gar nicht.«

Die Tage verrinnen. Werner weiß nicht, ob heute Donnerstag, Freitag oder Samstag ist. Im Kopf zählt er die Tage, bis die Tür sich wieder öffnet, bis er die Antrittsprämie von 80 000 Euro auf dem Konto hat. Ein bisschen fühlt er sich wie ein Gefangener, der auf die Zellenwand für jeden abgesessenen Tag einen Strich zieht.

Am meisten nervt ihn ein blödes Spiel, das besser zu einem Kindergeburtstag passt. Mit einem großen Knopf müssen sie kleinere Köpfe in eine Schale knipsen. Er steht kurz davor, auszurasten, aufzugeben, doch dann besinnt er sich.

Wenn er jetzt auszieht, war alles umsonst. Dann wird er von seinem Weg abkommen, der ihn zum Ziel führt; zu den 80 000 Euro, die er dringend benötigt, um den Schaden, den er angerichtet hat, zu lindern. Er braucht die Kohle für sein Selbstverständnis.

Werner will endlich wieder in den Spiegel schauen.

Die Mitbewohner, egal wie alt, spüren, dass Werner mit seiner Lebenserfahrung und seinen Begegnungen mit interessanten Menschen ihnen einiges zu erzählen hat. In Gruppen oder in Gesprächen zu zweit fesselt er sie mit der Geschichte vom Schalker Manager Rudi Assauer, der Werner nach einer Talkshow und der Rückfahrt vor der eigenen Haustür sein Geheimnis verrät. Er sei an Demenz erkrankt. Und er trinke so viel, um die Krankheit zu verschleiern.

Auch die jungen Frauen der Gruppe hören dem eloquenten alten Mann zu, der mit der Sprache sein Geld verdient, wenn er von seinem Vater erzählt, den er erst als 7-Jähriger kennengelernt hat. Stefan Hansch, ein Malocher aus dem Pütt, der gegen die Nationalsozialisten rebelliert und von ihnen ins Konzentrationslager Buchenwald weggesperrt wird. Werner muss es gar nicht erwähnen. Die anderen spüren, wie stolz er auf seinen Vater ist, der ihm in Kindheit und Jugend fremd blieb.

Jeden Tag darf ein Dorfbewohner die Zuschauerbox öffnen, findet eine Nachricht oder etwas ganz Persönliches. Für Werner liegt in der Box, die einer Schatztruhe ähnelt, ein Schwarz-Weiß-Foto seines Vaters. Sofort muss er an den Tag denken, als er beim Internationalen Suchdienst im hessischen Bad Arolsen anruft, um die Leidensgeschichte seines Vaters zu erfahren. Viel Hoffnung auf Informationen hegt er nicht, umso überraschter ist er, als die Sachbearbeiterin ihm sagt, sie habe schon ein Foto seines Vaters auf dem Bildschirm. Später wird sie ihm die gesamten Unterlagen zuschicken, und Werner schockt die brutale Wahrheit über die Folter und Haft im KZ.

Werner bringt die Gruppe aber auch zum Lachen, als er völlig uneitel seinen eher missglückten Karrierestart in der Schalker Glückauf-Kampfbahn zum Besten gibt. Er ist der einsame, aufgeregte junge Kerl ohne jegliche Fußballahnung, der am Mikro bisher nur Trabrennpferde angekündigt hat. So bekommt Norbert Nigbur vor 33 000 belustigten Zuschauern die Startnummer 1.

Werner, der große Geschichtenerzähler und Entertainer mit und ohne Micro. Er hat noch so viele andere Anekdoten im

Kopf, jederzeit abrufbereit, bestens garniert mit seinem ganz eigenen Sprachstil als Meister der Worte und Beobachtungen.

Sein Repertoire ist schier unendlich, immer wieder neu präsentiert und aufbereitet, nie langweilig, immer unterhaltsam: die Abenteuer, auch verbalen Fehlpässe als Radio- und Fernsehreporter; die Millionen, die er mit seinen blumigen, schmeichelnden Beschreibungen der edlen Vierbeiner als Pferdeauktionator erzielt; der legendäre Talk mit Kanzlerkandidat Péer Steinbrück, der die Bochumer Stadtwerke als Veranstalter und Organisator Sascha Hellen in Bedrängnis bringt. Und auch den SPD-Politiker in ein schlechtes Licht rückt. Beachtliche 25 000 Euro kassiert er für seinen Auftritt.

Doch immer und immer wieder kehrt er zu dem Thema zurück, das ihn beherrscht und nicht in den Schlaf kommen lässt. Er, der sich den Kopf zermartert, warum er so tief sinken konnte, sucht in Gesprächen nach Antworten, nach Hilfe. Es sind Gespräche, die ihm guttun, die er daheim nicht führen konnte. Da war er allein, hier lebt er in einer Gruppe, hier findet er einen neuen Freund, und schon deshalb wird er nie die Entscheidung bereuen, ins Big-Brother-Haus eingezogen zu sein.

Schon in der Kindheit und Jugend ein Einzelkämpfer, später der einsamste Mensch im Stadion, häufig der Allein-Unterhalter auf der Bühne, genießt er die Geborgenheit im Wald und im Märchenschloss.

Alles, was er vorher von dieser umstrittenen Realityshow erfahren hat, zählt nicht mehr. Egal, was Big Brother anordnet, Werner wird sein Team nicht im Stich lassen.

Kapitel 29
Wende
Märchenschloss oder Wald?

Werner hat seine Aufgabe im Big-Brother-Haus angenommen. Er bringt sich in sein Team ein, gibt alles, um die Wettbewerbe gegen die andere Gruppe zu gewinnen. Big Brother, der Spielmacher, kennt kein Pardon, nur den Siegern gehört die Sonnenseite.

Wer will im Wald schon gerne morgens nur Haferschrot, die Amerikaner nennen es Porridge, essen, wenn nebenan im

Märchenschloss ein erstklassiges Frühstück lockt? Wer schläft schon gerne auf unbequemen Holzpritschen, während auf der anderen Seite der Mauer die anderen in weichen Daunen versinken? Wer hat schon Lust, sich mit manchmal blöden Spielchen jeden Tag Taler für zusätzliche Lebensmittel verdienen zu müssen, und gleichzeitig hört er die Korken knallen?

Sekt oder Selters, alles oder nichts, Märchenschloss oder Wald. Die einen wollen drin bleiben in ihrem Luxus-Quartier, die anderen wollen nur eins: heraus aus der Armut, am besten noch heute.

Es ist nur ein Spiel und doch wie im Leben. Jeder giert nach dem großen Glück, hält es schon fast in den Händen – und dann fehlen doch noch einige Millimeter. Wobei: Werner wird auch nach Promi-Big-Brother meilenweit von seinem Glück entfernt sein, es sei denn, er trägt zum Schluss die Krone auf dem Kopf. Aber an einen Sieg, an die 100 000 Euro wagt er nicht zu denken.

Die Teams messen sich im Sängerstreit. Wer gewinnt, gewinnt Luxus im Märchenschloss, zumindest für einen Tag. Danach werden die Karten neu gemischt.

In Werners Gruppe ist Ikke Hüftgold gesetzt. Vor dem Einzug ins Big-Brother-Haus kannte der 81-Jährige weder dessen Künstlernamen noch ein Lied von ihm. So sympathisch er den einstigen Ballermann-Star findet, mit den Songs kann Werner nichts anfangen. So hat er auch ein mulmiges Gefühl und wenig Hoffnung auf den Sieg, als seine Gruppe mit dem fürwahr proll klingenden Text ›Dicke Titten, Kartoffelsalat‹, der eigentlich nur mit reichlich Promille im Blut und im Ballermann-Rausch zu ertragen ist, ins Rennen geht.

Die Dramaturgie ergibt sich von selbst. Ikke mit seiner schwarzen Perücke singt, der Rest der Truppe grölt den Refrain mit: ›Ole, ole, ole, dicke Titten, Kartoffelsalat ...‹

Im anderen Team geht Sascha Heyna an den Start. Der ausgebildete Hörfunk- und TV-Journalist, seit 2008 Sänger, ist ein Strahlemann, der den Mut hat, sich im Big-Brother-Haus als homosexuell zu outen.

Werner erinnert sich nicht an Saschas Lied, er hat nur vor Augen, dass Sascha allein singt, seine Mitstreiter tatenlos rund um den Dorfsee stehen und nur Zuhörer sind. »Unsere Performance als Team war eindeutig besser«, sagt Werner. »Aber mit dem Lied von Ikke hatten wir von Anfang an keine Chance. Die Zuschauer, die abstimmten, hatten zudem mehr mit Sascha zu lachen, weil er am Ende unbeabsichtigt ins Wasser fiel.«

Es kommt, was Werner befürchtet hat. Die Mauer schiebt sich zur Seite. Sein Team muss zur Strafe sofort in den Wald, Saschas Truppe stürmt jubelnd ins Märchenschloss.

Auf dem Bildschirm an der Blockhütte wartet die nächste Herausforderung, um Taler einzuheimsen. Die Dorfbewohner hören RAP-Musik, zu der Werner überhaupt keinen Zugang hat. Deshalb macht ihn auch anfangs die Aufgabe ratlos. Gemeinsam sollen sie analog zum Rhythmus einen markanten Sprechgesang erfinden. Die Zeit läuft, doch Werner hat kein Thema, keinen roten Faden, nichts; bis ihm eine geniale Idee einfällt. Wie wäre es, wenn er mit seinem Text das tägliche Leben im Big-Brother-Haus schildert.

Wenig später präsentiert er seinen Leuten seinen Vorschlag: »Der Kopf ist schwer, der Körper platt. Da schnarcht noch einer, rhythmisch matt. Der Morgenkaffee, oh wie lecker, doch später Wasser nur im Becher. Plötzlich schreit ein alter Sack, von der Matte faules Pack.«

Der alte Sack ist natürlich Werner, der mit den Textzeilen seinen Ärger aufarbeitet, der sich vor einigen Tagen aufstaute. Er kann nicht mit ansehen, dass Kathy Kelly auf allen vieren mit dem Handfeger über den Boden kriecht, um zu putzen, und drei wesentlich jüngere Frauen ihr nicht helfen und gelangweilt zuschauen. Der sonst so reservierte Werner verliert die Contenance, holt das »faule Pack« mit barschen Worten ganz schnell von den Turnmatten.

Auch die anderen schreiben Texte, für die Übergänge zwischen den Strophen steuern Kathy Kelly und Kathy Bähm, den Werner Flabes nennt, einen immer wiederkehrenden Sprechgesang hinzu. Am Ende sind alle begeistert, ja euphorisch, liegen sich in den Armen, nachdem sie gemeinsam ihren Song vorgetragen haben. Sie sind stolz auf ihre Gruppenarbeit, und Werner, der RAP-Opa, hört nicht auf zu schwärmen von dieser wunderbaren Atmosphäre, der Kreativität, dem Zusammenhalt von Jung und Alt. Spätestens jetzt ist er sich sicher: Er ist völlig integriert in die Gruppe, kann mit den Kollegen mithalten, auch wenn er einige Jahrzehnte älter ist als alle anderen. Und er fühlt sich gebraucht, endlich wieder gebraucht. Es ist ein wunderbares Gefühl, das er seit dem Ende seiner Karriere vermisst hat.

Die »spürbare Verbundenheit« empfindet er als sensationell. »Für mich ist die Musikeinlage der Gruppe der innigste Moment in den ganzen drei Wochen.« Dass sie für die Vorstellung mit 5 Talern belohnt werden, wird fast zur Nebensache.

Aber immerhin: Zum Abendessen gibt es endlich wieder frisches Brot und Eier.

Kapitel 30
Wende
Geburtstag voller Überraschungen

Der 16. August 2020. Werner wird im Wald 82 Jahre alt. Den Mitbewohnern hat er seinen Geburtstag verschwiegen, er will sich mit seinem Ehrentag nicht in den Vordergrund spielen.

Plötzlich, am frühen Nachmittag, ruft ihn Big Brother zum Bildschirm, der an der Blockhütte hängt. Völlig überrascht geht Werner dorthin, weiß nicht, was ihn erwartet, und ist dann überwältigt. In kurzen Filmen gratulieren ihm Menschen, mit deren Glückwünschen er nie gerechnet hätte.

Ingo Anderbrügge, der Schalker, der Eurofighter, spricht im Namen der legendären Mannschaft, die im Finale gegen Inter Mailand den UEFA-Pokal gewinnt; ein Spiel, das ja Werner Hansch kommentiert; für seine brillante Reportage zeichnen die Öffentlich-Rechtlichen ihn mit dem Telestar aus.

Es folgt Axel Schulz, der deutsche Boxer. Werner hat ihn als TV-Reporter nie getroffen, nur einmal bekommt er Kontakt zum Profiboxen, als er im Auftrag von SAT.1 als Ringsprecher einen Einsatz hat. Boxen ist nicht sein Metier, aber über die Glückwünsche von Axel Schulz freut er sich riesig.

Es geht Schlag auf Schlag weiter. Jetzt lächelt ihn Christoph Daum an. Im Hintergrund erkennt Werner, dass der Trainer in seinem Garten steht. Was Christoph genau gesagt hat? Werner weiß es nicht, er ist so ergriffen von den Gratulanten, von der sympathischen Aktion von Endemol, von der Wertschätzung und Sympathie, die ihm da geschenkt wird, dass er nur ungläubig in Richtung Bildschirm schaut und am liebsten vor Freude heulen möchte.

Hermann Gerland, der westfälische Kumpel, Co-Trainer bei Bayern München, schickt seine Grüße aus Portugal, dort wird zu Corona-Zeiten in einer Endrunde der Champions-League-Sieger 2020 ausgespielt. Werner, dessen Kontakt zur Außenwelt total abgeschnitten ist, wird erst zwei Wochen später erfahren, dass die Bayern zwei Tage vor seinem Geburtstag den ruhmreichen FC Barcelona mit sage und schreibe 8:2 aus dem Wettbewerb geworfen haben und eine Woche nach Hermann Gerlands ganz persönlichen Worten im Finale Paris Saint-Germain mit 1:0 besiegen werden.

Der Nächste, bitte. Julius Brink, der Beachvolleyballer, gemeinsam mit Jonas Reckermann Olympiasieger bei den Spielen in London, trifft als Gratulant mit seinem verbalen Aufschlag mitten ins Herz von Werner. In der ARD-Show

Verstehen Sie Spaß hat er den Sportler als falscher Moderator in Hamburg aufs Glatteis geführt.

Kira Walkenhorst, die Beachvolleyballerin, ebenfalls Goldmedaillen-Gewinnerin an der Seite von Laura Ludwig in Brasilien, beendet die Gratulationscour, doch zwei Überraschungen sollen noch folgen.

Die Tür der Räuberhöhle öffnet sich, die Programmmacher schenken Werner eine Geburtstagstorte, von der sich jeder Dorfbewohner so viele Stücke abschneiden darf, wie er möchte. Nach Porridge und Spaghetti ist der Kuchen ein süßer Leckerbissen.

Die zweite Überraschung folgt am nächsten Tag. Wieder spricht der Große Bruder mit der beeindruckend tiefen Stimme den Reporter an: »Werner, du hattest gestern Geburtstag. Ich möchte dir eine Freude machen. Ein langjähriger Freund wartet auf dich im Hexenhäuschen und will dir zum Geburtstag gratulieren. Geh sofort dorthin.«

Werner macht sich auf den Weg, geht, begleitet vom Beifall der Dorfbewohner, betont langsam, um Zeit zu schinden für Gedanken, die durch seinen Kopf jagen: Wer kann das sein? Was erwartet mich hinter der nächsten Tür?

»Lieber Big Brother. Ich weiß nicht, wer es ist. Aber ich sage schon mal Danke, und bin gespannt, denn so viele langjährige Freunde habe ich ja gar nicht mehr.«

Er ist so aufgeregt, dass er sich verläuft und vor dem Eingang zum Penny-Markt steht und Probleme hat, die richtige Tür zu öffnen. Im Hexenhäuschen steht ein reich gedeckter Tisch mit Brezeln, Wurst, Brot, mit gefüllten Bierhumpen, wegen Corona getrennt durch eine Glasscheibe.

Und am Tisch sitzt einer, den Werner nie und nimmer erwartet hätte, der ihn in Tränen ausbrechen lässt. Werner übermannen die Gefühle. Vor ihm steht Rainer Calmund, sein Freund Calli, strahlt ihn an und findet sofort die richtigen Worte: »Happy Birthday, lieber Werner. Es ist so gigantisch, was für eine Rolle du hier spielst, wie fit du bist. Das ist großartig, und ich wünsche dir von ganzem Herzen Gesundheit.« »Das weiß ich doch, das weiß ich doch«, stammelt Werner, immer noch fassungslos, wer ihm da gegenübersitzt. Nur langsam beruhigt er sich.

Cali Calmund lobt ihn für sein Auftreten im Container, macht ihm Mut, tröstet ihn, verspricht Hilfe, als Werner ihm erzählt, dass ihm gerade mal 600 Euro im Monat zum Leben bleiben.

Das einstige Schwergewicht, dem man ansieht, dass er mächtig abgespeckt hat, wird sein Versprechen halten. Wochen später kursiert ein Foto durch die Presselandschaft. Links steht Cali, rechts Werner und dazwischen der Lieferwagen des Tiefkühlkosthändlers. Ein Jahr lang wird das Unternehmen »Der Eismann« den heimischen Kühlschrank von Werner mit Gerichten füllen.

Wenn zwei so eloquente Entertainer wie die beiden an einem Tisch sitzen, verrinnt die Zeit viel zu schnell. Stundenlang hätten sie sich austauschen können, hätten Geschichten von früher und noch früher erzählen können, von Begegnungen bei Talkshows oder 2010 an Bord des Kreuzfahrtschiffs Mein Schiff 1 auf der Nordeuropa-Tour, als sie im Dialog die WM-Spiele in Südafrika kommentieren.

Doch der Große Bruder hat das Treffen auf 30 Minuten limitiert. Einige Themen können sie nur anreißen, die Teller bleiben unbenutzt, es reicht gerade mal, um auf die Zukunft anzustoßen. Jahrzehntelang sei es Werner gewesen, der ohne Gage aufgetreten ist, um anderen zu helfen. Deshalb habe er es verdient, selbst Hilfe anzunehmen, bestärkt Cali den 82-Jährigen.

Werner ist dankbar, ergriffen, vergisst aber nicht seine Mitbewohner. Während er Cali zuhört, schmiert er Butterbrote für seine Gruppe im Wald. Als er zu ihnen zurückkehren will, stoppt ihn der unsichtbare Chef: »Werner, es wird nichts mitgenommen.«

Er gehorcht, was bleibt ihm anderes übrig. »So kam ich aus dem Hexenhäuschen mit leerem Magen und leeren Händen«, sagt er und fügt hinzu: »Der Besuch von Cali war trotzdem das Sahnehäubchen auf meiner Torte.«

Kapitel 31
Wende
Gemalte Träume

Von Tag zu Tag wird Werner immer mehr bewusst: Er ist nicht der Einzige, der einen Koffer voller Probleme ins Big-Brother-Haus geschleppt hat. Auch die meisten seiner Mitbewohner haben schwer zu tragen: an ihrem verkorksten Schicksal und an ihren Sorgen, an unerfüllten Träumen und herben Enttäuschungen, an gescheiterten Beziehungen und verpassten Chancen.

Und ist da nicht irgendwie bei jedem der Funke Hoffnung, die Sehnsucht, dass der Schlüssel für den Container die Tür zu einem anderen, einem besseren Leben öffnet?

Werner lebt wieder im Wald, es ist ein heißer Sommertag. Am Nachmittag lesen er und seine Mitbewohner auf dem Bildschirm die nächste Aufgabe, die ihnen Big Brother stellt. Sie sollen ihre Sehnsüchte, ihre Hoffnungen auf die Schlossmauer malen.

Bis auf Werner greifen alle sofort zu Pinsel und Farbe, er steht anfangs am Rand, schaut nachdenklich zu, was die anderen machen. Adela Smajic, die Schweizer Bachelorette, fragt, warum er nicht mitmacht. »Ich muss erst wissen, was ich denke«, antwortet er und hat ein kleines Lächeln im Gesicht.

Es dauert nicht lange, da stehen auf der zuvor trist-grauen Wand bunte Bilder. Gemalte Geständnisse, aufgezeichnete Geheimnisse, farbenfrohe Träume und Visionen. Es sind aber auch Bilder voller strahlend schöner Fantasien und Illusionen, hinter denen sich schwere Niederlagen verbergen.

Dem Röntgenblick in die Seele folgen Erklärungen. Werner hat jede Menge Geldscheine aufgepinselt, nur 500-Euro-Noten, puristisch mit Zahlen in Rechtecken, einfarbig. Pfeile zeigen auf die Scheine, die oberen sind weiß, die unteren blau. Die Scheine symbolisieren das Vermögen, das er verspielt, verzockt hat. Die weißen Pfeile stehen für Menschen, die er belogen, betrogen hat, die blauen für die Hoffnung, dass er seine Schulden irgendwann begleichen kann. Er hat mehr verloren als 500 000 Euro, er hat Freunde, er hat seine Lebensgefährtin verloren – dafür steht auf knallrotem Grund ein einziges Wort: Liebe.

Simone Mecky-Ballack hat ein Haus gemalt mit Fenstern, die Schlafzimmer andeuten. Eins ist schon leer, der älteste Sohn sei ausgezogen, der zweite stehe schon auf dem Sprung, erzählt sie mit stockender Stimme, die verrät, dass die Vollblut-Mama ihre drei Söhne, ihren Mann im Big-Brother-Haus vermisst. »Sie sind alles, was ich habe«, sagt sie.

Das Haus ist ihr ganzer Stolz. »Es ist die erste große Sache, die ganz allein mir gehört, die ich mir selbst erarbeitet habe.« Werner spürt: Da spricht die Ex-Frau von Fußball-Nationalspieler Michael Ballack, die sich immer dagegen wehrt, als Spielerfrau in die Schublade der Vorurteile gesteckt zu werden: gut aussehend, sexy gestylt in sündhaft teuren Klamotten und ansonsten ist da wenig.

Es ist ein Kampf gegen das Klischee, den sie öffentlich gewinnen will, erst bei »Let's Dance«, als sie sich monatelang für ihre Auftritte auf dem Parkett quält, nun im Big-Brother-Haus. Sie ist immer die Erste, die morgens aufsteht, das Feuer im Dorf entfacht, kocht, putzt und bei Spielen engagiert zur Sache geht; eine Powerfrau, die es sich und der Welt beweisen will, dass sie ohne einen gut aussehenden Fußball-Millionär zurechtkommt.

Nur eine Frage bleibt im Container unbeantwortet. Warum klebt hinter Mecky noch der Name, der sie bekannt machte, warum trennt sie sich nicht von der Ballack-Vergangenheit?

Adela Smajic, die Bachelorette, die in der Schweiz rote Rosen an Männer verteilte, schaut auf der Mauer auf den wichtigsten Menschen in ihrem Leben, auf ihre geliebte Schwester. Wenige Tage später wird sie gemeinsam mit Werner nominiert als Kandidaten für den Auszug aus dem Container. Jetzt müssen die Zuschauer abstimmen. Werner ist vor dem Voting skeptisch, gibt sich nur Außenseiter-Chancen. Alter Mann contra blutjunge sexy Frau? Wem wird die wohl jüngere Zielgruppe der Reality Show ihre Stimme geben? Big Brother macht es spannend. »Das Publikum hat entschieden, wer das Haus verlassen muss«, sagt die Stimme aus dem Off, macht eine Pause und lüftet dann das Geheimnis.

»Adela, pack deinen Koffer.«

Schon vorher wurde Werner einmal nominiert. Er musste sich mit Jasmin und Ramin dem Publikumsvoting stellen. Doch die Zahl der Stimmen für ihn schoss rasant in die Höhe, der älteste Bewohner durfte bleiben.

Katy Bähm, schriller Paradiesvogel, hat ihre Geschichte aufs Mauerwerk gemalt. Sie, besser er, weil hinter der Kunstfigur mit bürgerlichem Namen Burak Bildik steht, hat sich als Homosexueller geoutet, was Katys moslemische Familie schockt. Im Mittelpunkt des Bildes, ihres Lebens steht ihr Verlobter Francis, den sie bald heiraten wird, das Hochzeitskleid ist schon fertig. Ihr geliebter Francis telefoniert auf der Zeichnung mit ihrer Mutter und die wiederum mit Katys Schwester. Sie sind in Kontakt, heißt: Die Familie liebt Katy so sehr, dass sie akzeptiert, dass er schwul ist. Nur der Vater tut sich schwer, würde am liebsten seinen Sohn totschweigen. Er fehlt auf dem Bild.

Einmal am Tag müssen die Bewohner in einen schallisolierten Raum, sie dürfen nicht hören, was und wie in der Arena für das Abendprogramm geprobt wird. Werner hasst diese zwei Stunden, hasst die Enge und den Krach der hämmernden Musik, die alle Geräusche schluckt. Aber er ist auch fasziniert von Katy. Der Paradiesvogel nutzt die Zeit, um sich in Madame zu verwandeln: ausdrucksstark geschminkt, mit auffällig bunten Kleidern und hochhackigen Schuhen. »Das war bis zum letzten Lidstrich ein Erlebnis«, schwärmt Werner, der das Gespräch unter vier Augen sucht, weil ihn Katys Auftreten fasziniert. Fast scheint es ihm, als würde Katy vor Lebensfreude durch den Container tanzen, fast schweben.

Dass ein »gestandener älterer Mann sich für mich und mein Leben interessiert und versucht, mich zu verstehen«, bedeutet Katy sehr viel. Mit seinen Worten rührt Werner Katy zu Tränen: »Bei mir ist das vollkommen akzeptiert, Junge, da kannst du dich drauf verlassen. Ich bin sehr dankbar, dass ich dich kennenlernen durfte. Du bist einfach ein starker Typ.«

Mischa Mayer, ein tätowierter Muskelmann, zeigte Bikini-Schönheiten seinen durchtrainierten Körper schon ein Jahr zuvor bei der Realityshow »Love Island«. Er flirtete, wie es die Produzenten erwarteten, verließ aber als Single die Liebesinsel. Sein Bild dokumentiert sein Familien-Glück; Mischa malt

Strichmännchen, die sich an den Händen halten. Darüber erinnert ein Engel an seine verstorbene Oma, die ihm sehr fehlt, und ein rotes Herz an seine Mutter.

Im Finale wird Mischa, ausgebildeter Industriekaufmann und erfolgreicher Influencer mit 180 000 Followern, einen beeindruckenden Auftritt haben. Statt die 45 Sekunden zu nutzen, um seine Fans für sich zu mobilisieren, sorgt er für eine Riesen-Überraschung. »Ruft für Werner an, gebt ihm die Chance, gebt ihm das Geld, fertig aus, Micky Maus, ich bin raus!«, fordert er die Zuschauer auf.

Später, während der Late-Night-Show nach der Bekanntgabe des Siegers, wird er sagen. »Klar, 100 000 Euro wären ein gutes Polster, aber meine Familie ist mein Reichtum.« Die Familie, die er mit wenigen Strichen auf die Schlossmauer gemalt hat.

Sonne, Strand, Meer, Schiffe und Palmen: Mit seinem farbigen Bild der Lebensfreude nimmt Ikke Hüftgold die anderen mit auf seine Lieblingsinsel. Neben der Idylle prosten sich zwei Bierhumpen zwischen den Namen Bierkönig und Mallorca zu. »Am Ballermann habe ich zwölf Jahre meine größten Erfolge gefeiert, zwölf Jahre meine größten Niederlagen erlebt und die meisten Tränen geheult«, erklärt der Partyschlager-Sänger nicht ohne Wehmut in der Stimme.

Seine ganz eigene Mallorca-Geschichte hat er schon vorher erzählt. Aus Protest gegen das Alkoholverbot am Strand, als Real-Satire, kauft der Mann mit der pechschwarzen Perücke 2017 4000 Bierdosen, lädt zur Privatparty an der Promenade ein; es wird eine Party, die mehr Leute als erwartet anlockt und zur Dosenschlacht ausartet. Die Bürokraten der Insel, eh schon genervt vom Sauftourismus, verstehen keinen Spaß und zwingen den Bierkönig, Ikke ein Auftrittsverbot zu erteilen.

Werner ist der Letzte, der Ikke nach seinen Worten in den Arm nimmt, schweigend, verstehend, tröstend.

Er und Ikke mögen sich von der ersten Minute an, werden in den drei Wochen im Container Freunde. Beide sind sich einig:

Allein schon wegen ihrer Freundschaft hat sich der Gang zum Großen Bruder gelohnt.
Aber das wiederum ist eine ganz andere Geschichte.

Kapitel 32
Wende
Schmetterlinge im Bauch

Werner hat längst seine Rolle im Big-Brother-Haus gefunden. Als ältester Bewohner aller Zeiten im Container blickt er auf ein Leben zurück, das zum Bersten gefüllt ist mit Erfahrungen und Erlebnissen, mit Geschichten, die er auch gerne und voller Emotionen zum Besten gibt; auch weil er spürt, dass ihm die anderen zuhören, dass er ihnen vermitteln und vorleben kann, was wertvoll, was wichtig ist.

Na klar, er ist ein glänzender Geschichtenerzähler, ein Entertainer, aber kein nervender Alleinunterhalter, kein peinlicher Aufschneider, der sich ständig aufdrängt, um im Mittelpunkt zu stehen. Nicht selten sitzt er allein auf der Couch, lehnt an der Mauer zwischen Schloss und Wald. Werner ist der stille Beobachter mit dem Blick für kleine Momente, wie einst als Reporter im Stadion, der mehr sieht als dass er gesehen wird.

Emmy Russ, die 21-jährige Influencerin mit aufgespritzten Lippen, engsten Hosen und Oberteilen, ist nicht zu übersehen, nicht zu überhören. Schon am ersten Tag redet sie über Sex und Stuhlgang, über ihren größten Wunsch, einmal auf die Titelseite des ›Playboy‹ zu kommen.

Sie nervt mit ihrem Geschwätz nicht nur Ikke: »Ich habe gedacht, dass mit mir das unterste Niveau erreicht ist ...«

Werner, fürwahr kein Sittenrichter, mag ihre lasziven, halb nackten Auftritte nicht und sagt es ihr auch ins Botox-Gesicht. Er begründet, warum er sie für den Rauswurf nominiert. »Für mich zählt nur, wie jeder sich in die Gruppe einbringt.«

Es kommt zum Abstimmungszweikampf zwischen ihr und Simone Mecky-Ballack. Während Emmy das Plädoyer nutzt, um sich und ihren Körper zu positionieren, verpatzt Simone ihre kleine, völlig emotionslose Rede. Werner steht in diesem Moment direkt neben Ikke, flüstert ihm zu: »Das wars.« Er würde sich freuen, wenn sie im Rennen bleibt. Weil er sie mag, weil sie versprochen hat, ihm im Falle eines Sieges die 100 000 Euro zu schenken.

Simone fliegt raus.

Auch Claudia Kohde-Kilsch, in Wimbledon immerhin Siegerin im Doppel an der Seite von Helena Sukowa, scheidet frühzeitig aus, so wie früher als Einzelspielerin häufig bei wichtigen Turnieren. Sie ist sichtlich geschockt, dass die Zuschauer sie aus dem SAT.1-Camp rauswerfen. Eher spröde kann sie keine Akzente setzen und wünscht beim Abschied Werner die Krone.

Er erzählt ihr, dass er vor 22 Jahren bei den Olympischen Spielen in Seoul seinen freien Reporter-Tag nutzte, um ihr und Steffi Graf im Spiel um Platz drei die Daumen zu drücken. Einlass verschafft er sich mit dem Ausweis eines Kollegen.

Das deutsche Paar gewinnt die Bronze-Medaille. Claudia steht immer im Schatten von Steffi, die von Werner kritisiert wird: »Die hat doch nun fast immer und alles gewonnen. Und wenn sie dann mal verloren hat, habe ich immer gedacht: Geh doch mal ans Netz, lach doch mal und nimm deine Gegnerin in den Arm. Da hat es ihr an Größe gefehlt.«

Ungern spricht Claudia über den gewonnenen Prozess gegen ihren Stiefvater und Manager, der ihr Vermögen veruntreut haben soll. Jürgen Kilsch stirbt, bevor sie an das Geld kommt, und sie muss 2011 Insolvenz anmelden. Im Gegensatz zu Werner sei sie aber nicht wegen der Antrittsprämie in den Container eingezogen, sagt sie.

Man mag es kaum glauben, aber es macht Werner menschlich: Der über 80-Jährige hat ein klein wenig Schmetterlinge im Bauch. Er mag Jasmin Tawil, die Ex-Frau des bekannten Sängers Adel, vielleicht auch, weil sie ihn an seine Moni erinnert. Mit ihr lebte er fast 30 Jahre zusammen, ehe sie ihn wegen seiner Zockerei verlies.

Werner findet die eher unauffällige Jasmin schön, er ist beeindruckt von ihrem Engagement für die Gruppe. »Ihr war keine Arbeit zu viel, hat geputzt, den Abfalleimer geleert, gekocht.«

Die 40 Jahre alte alleinerziehende Mutter vom kleinen Ocean gibt zu, dass sie besonders das Geld lockt. »In den drei Wochen im Big-Brother-Haus verdiene ich so viel, dass ich danach ein Jahr lang in der Nähe meines Sohnes sein kann.«

Jasmin sieht ihren Ocean schneller als erwartet wieder. Als eine der ersten Bewohnerinnen schickt sie der Große Bruder im Auftrag der Zuschauer nach Hause.

Werner bleibt mit seinen Schmetterlingen in der märchenhaften Welt zurück, in der so mancher Traum zerplatzt.

Kapitel 33
Wende
Mauerzoff

Ich bin verliebt, bin so verliebt,
ich weiß nicht, wie mir geschah
auf einmal war die Liebe da.

Werner liegt im Bett, er kann nicht einschlafen. Der Refrain des Liedes geht ihm nicht aus dem Kopf. Er weiß, es stammt aus der Operette Clivia von Nico Dostal, die 1933 in Berlin uraufgeführt wurde und die turbulente Liebesgeschichte einer Filmschauspielerin erzählt.

Am nächsten Tag überredet er Kathy Kelly, gemeinsam das Lied einzustudieren und die Schlossbewohner nach dem Abendessen, quasi zum Nachtisch, mit der Gesangseinlage zu unterhalten. Kathy, ausgebildete Opernsängerin, gilt als gute Seele der Kelly-Familie, die auf den Straßen Konzerte gab. Für Werner ist sie eine Grande Dame, insgesamt eher unauffällig, manchmal für seinen Geschmack etwas zu zurückhaltend, sich aber für keine Arbeit zu schade.

Im SAT.1-Camp verrät sie ihre traurigen Kindheitserinnerungen. »Das Schlimmste war, dass man mich all die Jahre angelogen hat«, erklärt Kathy. »Ich sollte glauben, dass meine Mutter nichts mit mir zu tun haben wollte.« Erst 33 Jahre später sehen sich Mutter und Tochter wieder.

Kathy ist von Werners Idee sofort begeistert, die Überraschung gelingt.

Nur für ihn wird sie an seinem Geburtstag in einer stillen Ecke des Waldes zwei Arien von Giacomo Puccini aus der Oper Tosca singen; es ist ein Geschenk, das man sich nicht kaufen kann. Werner ist gerührt.

Ikke, der umtriebige Liedermacher, wird später mit Werner den Song ›Ich bin verliebt‹ in seinem Tonstudio in Limburg einspielen. Im Smoking, mit Fliege und weißem Hemd haben sie sichtlich Spaß und liegen sich am Ende in den Armen. »Wie Vater und Sohn, nur mit vertauschten Rollen«, lautet ein Kommentar im Netz.

Im Sog von Big Brother kommt die moderne Fassung des Operettenliedes gut an. Werners Agent Marc Stöckel meint mit einem Augenzwinkern: »Im Zeitalter von Schallplatten wäret ihr Millionäre geworden.«

Der Eklat ist da. Jenny Frankhauser, als kleine Halbschwester von Daniela Katzenberger und Dschungelcamp-Gewinnerin 2018 leidensfähig, fühlt sich nicht wohl. Eigentlich müsste sie jetzt einen Arzt anfordern, sie verrät aber nur

TV-Sternchen Elene Lucia Ameur, dass es ihr dreckig geht. Elena, wie sie von allen genannt wird, will Jenny helfen. Sie begeben sich zusammen auf die Toilette und nehmen die Batterien aus Jennys Mikrofon.

Diese zwei Verstöße gegen die Container-Regeln lässt Big Brother nicht durchgehen; er will beide auf die Nominierungsliste setzen. Er befragt auch Werner, der sich für die jungen Frauen einsetzt. Die Regelverletzungen gibt er zu, schlägt aber vor, Milde walten zu lassen. Jenny ging es nun mal nicht gut.

Jenny will nicht, dass Elena für ihre Hilfe bestraft wird, und packt freiwillig ihren Koffer. Nur wenige Tage später folgt ihr Elena. Sie fühlt sich von Mitbewohnern gemobbt.

Danach droht Werner Ungemach. Britta Assauer, die nach einer geheimen und kuriosen Blitztrauung den Namen des ehemaligen Schalker Managers tragen darf, will als Elenas Nachfolgerin in den Container einziehen, um dem einstigen Freund von Rudi mal gehörig die Meinung zu sagen. Big Brother lässt die Eigenbewerbung kalt. »Noch entscheiden wir, wer ins Camp einzieht«, sagt ein Endemol-Sprecher.

Zwist in Deutschlands bekanntester WG: Nach einem Streit zwischen einer Wald- und einer Märchenschloss-Bewohnerin fliegen mit Wasser gefüllte Luftballons über die Mauer in den Luxus-Bereich. Werner bekommt die verbale Auseinandersetzung nicht mit. Big Brother hat ihn zu einer Audienz geladen. Tatenlos schaut er der Wasserschlacht zu, ihm gefällt der »Kinderkram« nicht. Beim Abendessen stimmen ihm alle zu, sich zu entschuldigen, und bitten Werner, die richtigen Worte zu finden.

Es ist schon eine skurrile Szene. Ausgerechnet der Wald-Opa, abgesichert von Ikke, muss auf zwei wacklige Baumstämme klettern, um mit dem Kopf über die Mauer gucken zu können. Schon seine ersten Worte brechen das Eis. »Liebe Mitglieder des Hochadels, hier spricht der Botschafter des Proletariats. Wir bitten euch aus ganzem Herzen um

Entschuldigung für den Teil des Mauerzoffs, für den wir verantwortlich sind ...«

Vom aufrichtigen Spielsucht-Geständnis bis zum diplomatischen Friedensstifter: Werner sammelt Punkte auf dem Weg zum Container-König.
Die Entscheidung naht.

Kapitel 34
Wende
Sein Freund Ikke

Was ist die Schlüsselszene für den Beginn dieser ungewöhnlichen Freundschaft? Ist es vielleicht der Moment, als Werner und Ikke auf der Bank sitzen, sich gegenseitig das Herz ausschütten? Werner, der immer noch nicht fassen kann, dass ihn die Sucht in die Hölle getrieben hat. Ikke, den vor vier

Wochen die Freundin verlassen hat, weil sie ihm nicht länger im Weg stehen will.

Es ist ein Gespräch unter Freunden, die sich vor kaum drei Wochen im Big-Brother-Haus kennenlernten und sich vertrauen. Sie haben den Mut, kein Geheimnis auszulassen, dem anderen ihre Ängste und Vorwürfe zu offenbaren.

Werner kann nicht nachvollziehen, warum er so leichtfertig nicht nur eine halbe Million Euro, sondern vor allem seine Liebe verzocken konnte. Noch hegt er die Hoffnung, seine Moni zurückzugewinnen, aber es überwiegt der Kummer, die Furcht, den letzten Abschnitt seines Lebens einsam zu verbringen.

Auch Ikke, der immer agile, kreative Ikke, sucht die Schuld bei sich selbst. Wie kann eine Beziehung halten, wenn einer wie er so dominant an der eigenen Lebensgeschichte schreibt und immer unterwegs ist auf der Suche nach neuen Herausforderungen, Abenteuern. Der im Bierkönig, in besten Zeiten sogar drei Mal pro Woche, Tausende Gäste zum Ausrasten bringt und danach kein Ende findet; meistens bleibt es nicht bei einem Bier.

Der mit eigener Kraft einen florierenden Gartenbaubetrieb in Limburg aufbaut, mit anfangs 40, heute 25 Mitarbeitern; ein Chef, für den selbstverständlich ist, mit der Schüppe zu malochen oder Bäume zu fällen. Dessen supermodernes Ton- und TV-Studio drei Millionen kostet; eine Investition, die sich auch in Corona-Zeiten auszahlen soll. Der stolz sein kann auf seine Summerfield Group; dazu gehören Booking- und Medienagenturen, Filmproduktionsfirma, Event- und Grafikabteilung. Und natürlich veröffentlicht Summerfield Group Songs von ihm. 2019 macht das Unternehmen zehn Millionen Euro Umsatz.

Der ... aber wo fängt man an, wo hört man auf: Seine vollgepackte Lebensgeschichte liest sich wie die Autobiografie eines 100-Jährigen.

Dabei ist Ikke Hüftgold, der ja eigentlich Matthias Distel heißt, erst 43, als er ins Big-Brother-Haus einzieht. Dort malt, empfindet er seinen Weg als Fieberkurve mit ganz heftigen Ausschlägen nach ganz oben wie nach ganz unten. Er ist ein guter Schüler, guter Fußballer, der gehörig über die Stränge schlägt. Er und sein Freund ballern mit einem Luftgewehr ziellos herum. Eine Kugel trifft eine 72 Jahre alte Dame mitten auf die Stirn. Sie wird nur leicht verletzt, verzichtet auf eine Anzeige. Dafür müssen die Jungen ihr versprechen, gute Menschen zu werden. Ganz schön schwer für einen, der gern aneckt und sich nichts gefallen lässt.

Es sind Trotzreaktionen, die das eh schon robuste Kraftpaket noch stärker machen. Als Junge singt er gerne, er will Musiker oder Schauspieler werden, doch Vater Seppi macht ihm wenig Hoffnung auf eine Karriere im Showgeschäft. Mit 17 gründet er die erste eigene Band, sie machen Rockmusik. Er schreibt und produziert Kinderhörspiele, bis ihn ein Freund provoziert, doch mal was Asoziales, also Ballermann-Musik, zu machen. Matthias wettet mit ihm um zwei Kisten Bier, dass er das schafft. Während der Freund zur Tankstelle fährt, um Bier zu holen, schreibt er seinen ersten Ikke-Hüftgeld-Song.

Viele weitere Schlager werden folgen, nicht nur für ihn, sondern auch für andere prominente Ballermann-Barden. Die Titel sind gewöhnungsbedürftig, für einen über 80-Jährigen sowieso: Wie zum Beispiel ›Dicke Titten, Kartoffelsalat‹, ›Berti Bums Birne‹ oder ›Saufen ist scheiße‹. »Ich habe Ikke sofort gesagt, dass ich mit dieser Musikfarbe nichts anfangen kann«, gesteht Werner.

Es ist eine Musikfarbe, die Ikke reich macht. Anfangs bekommt er auf Malle 1000 Euro pro Auftritt, später auch schon bis zu 8000 Euro. Die Ballermann-Begeisterung schwappt nach Deutschland. In der Arena Auf Schalke flippen 50 000 aus, auf dem Nürburgring wird er von 30 000 gefeiert, TV-

Sender wie RTL oder SAT.1 reißen sich um Ikke, der immer für eine Story gut ist.

Mit seinem Geschäftspartner Dominik de Leon gehört der clevere Unternehmer mittlerweile zu den erfolgreichsten deutschen Partyschlagerproduzenten. Hits wie ›Johnny Däpp‹ für Lorenz Büffel oder ›Mallorca, da bin ich daheim‹ für Mia Julia verkaufen sich hunderttausendfach.

Ikke, die Rampensau, der Lebenskünstler, der Optimist: Noch vor seinem allerersten Auftritt im Bierkönig verteilt er Autogrammkarten mit einem durchgetackerten Kondom. Seine Markenzeichen sind die pechschwarze Perücke, der Trainingsanzug und seine Plauze; immer stürzt er mit ausgestrecktem Mittelfinger auf die Bühne, auf der Ikke völlig ausrastet. So wie das meist schon ziemlich alkoholisierte Publikum, das ihn frenetisch feiert, »zerfeiert«, sagt Matthias Distel heute. Der Stress mit der guten Laune geht an die Substanz.

Bevor er auf die Bühne stürmt, darf ihn niemand ansprechen. Ikke sondert sich ab, stirbt fast vor Lampenfieber und fragt sich jedes Mal: Warum tu ich mir das an?

Laut eigenen Angaben ist er in 2015 und 2016 der meistgebuchte männliche Künstler auf der Partyinsel. Ikke Hüftgold, so sagt er, sei eine prollige Kunstfigur in einer Real-Satire, welche die Leute unterhalten und vom tristen Alltag ablenken soll.

Er zögert, als Endemol ihn ins Big-Brother-Haus holen will. Eine Woche in Hotel-Quarantäne und drei lange Wochen im Container, diese abgeschottete, eingeengte Welt schrecken den ewigen Dynamiker ab, der seit seiner Kindheit unter Strom steht und keine Grenzen kennt. Doch die Kumpel rund um Bierkönig und Megapark schieben ihn förmlich in das SAT.1-Camp, feuern ihn fast jeden Abend in der Arena an. Schon vor der Show hören er und seine Mitbewohner, wie die Fans ihn feiern: »Ikke Hüftgold, Ikke Hüftgold« schreien sie bis in den Wald und das Märchenschloss.

Dort wird der Chef, der auch anpacken kann, schnell zum Anführer, gern zur Stimmungskanone. Aber auch zum Zuhörer; immer hilfsbereit, ehrlich, empathisch, selbst wenn er Kritik übt. Ikke kann streiten, kann sich herrlich aufregen, kann weinen, und manchmal, da versteckt er sein Gesicht und seine Traurigkeit unter der Kapuze seines Pullovers. Da hat er in der Zuschauerbox eine Erinnerung an seine Tochter gefunden, die ihm fehlt, die er vielleicht enttäuscht hat. Es ist etwas von ihr Selbstgebasteltes, das an einem Band hängt.

»Seine Persönlichkeit hat mich von Anfang an sehr, sehr fasziniert«, schwärmt Werner. Ikke gibt ihm Sicherheit, Selbstbewusstsein, das Gefühl, dazuzugehören. Als Werners Einkaufswagen im Penny-Markt fast leer bleibt und die anderen Dorfbewohner enttäuscht sind, muntert Ikke den über 80-Jährigen auf. Als der ehemalige Radioreporter nach seinem Geständnis völlig aufgewühlt aus der Räuberhöhle schleicht, nimmt ihn Ikke in den Arm.

Als sein Freund gewinnt, setzt Ikke ihm die Krone auf.

Werner, der Mann der blumigen Worte, bedankt sich bei seinem Freund schweigend, mit einer Geste: An einem Tag trägt er Ikkes schwarze Perücke.

Kapitel 35
Wende
Der neue König

Endlich. Das Finale.

Nach drei langen Wochen im Big-Brother-Haus sind nur noch vier Kandidaten im Rennen: Kathy Kelly, Micha, Ikke und Werner. Schon am Vorabend entlädt sich ihre ganze Anspannung, der Stress muss raus, egal was morgen passiert. Im Märchenschloss, dekoriert mit Luftballons und Girlanden, feiert das Quartett eine wilde Party. Champagner wird flaschenweise getrunken, die Jüngeren wollen gar nicht mehr aufhören, ausgelassen um den Tisch zu tanzen.

Werner kann und will da nicht mithalten. Er sitzt auf einem Stuhl, vor sich ein Bier, und hört plötzlich ein Lied aus den 20er-Jahren, von dem er beim Casting im Frühjahr geschwärmt hat. ›Oh, meine Güte‹, denkt er, ›was ist in den Monaten alles geschehen!‹ Und staunt. Wie aufmerksam von Katy, die er beim Casting kennenlernte und die ihn nach seinem Lieblingslied fragte.

»Ich weiß nicht, zu wem ich gehöre. Ich bin doch zu schade für einen allein«, singt Marlene Dietrich nur für ihn, und unwillkürlich fühlt er, wie sehr ihn diese Goldenen Jahre und Berlin faszinieren. Dieses unbeschwerte Lebensgefühl, diese pulsierende Metropole hätte er gemocht. Und Werner denkt in diesem Moment nicht an morgen, nicht an das Finale, nicht an die 100 000-Euro-Siegprämie. Er summt ein Lied von den Comedian Harmonists, den Stars der 1920er-Jahre. Es ist das Lied, das er in der Sendung Zimmer frei gesungen hat, Götz Alsmann begleitete ihn am Piano damals, als Werners Welt noch in Ordnung war. »Irgendwo auf der Welt gibts ein kleines bisschen Glück. Und ich träum davon in jedem Augenblick.«

Ob morgen sein Traum vom Glück in Erfüllung geht?

Nach einer kurzen Nacht heißt es warten, warten, warten. Auch jetzt wehrt sich Werner dagegen, auch nur einen Gedanken daran zu verschwenden, dass er gewinnen könnte. »Ich stand im Halbfinale, da wäre es nachvollziehbar gewesen, auf den Sieg zu hoffen. Aber ich hatte eine riesige Angst, enttäuscht zu werden.«

Nachmittags müssen die vier in den schallisolierten Raum, sie dürfen nicht hören, was in der benachbarten Arena für die Abendshow geprobt wird. Plötzlich öffnet sich eine Tür, »von der ich bisher nicht wusste, dass es sie gab«. Ein Chef von Endemol kommt zu ihnen, wünscht allen Glück und ist schnell wieder verschwunden.

Der Countdown läuft, es sind die letzten Stunden, Minuten im Big-Brother-Haus. Werner will so aus dem Container gehen, wie er hineingegangen ist. Er zieht sich seinen Anzug an.

Die Show beginnt. Runde 1. Kathy, Micha, Ikke und Werner bilden einen Kreis, umarmen sich. Der Große Bruder meldet sich, macht es spannend. Die Stimme aus dem Off sagt: »Es ist so weit.« Pause. »Einer muss sich jetzt verabschieden.« Pause. »Bitte verlasse mein Haus, Ikke.«

»Ikke war mein Favorit. Dass er jetzt raus musste, hat mich umgehauen«, sagt Werner und bewundert seinen Freund. »Er hat auf die Entscheidung locker und sportlich reagiert. Ohne erkennbare Enttäuschung.«

Er gibt zu, dass ihn Ikkes Aus nervös macht. »Wir standen uns in den gesamten drei Wochen sehr nah, reagierten fast immer ähnlich auf das Geschehen im Container. Deshalb dachte ich, ich bin der Nächste, der rausfliegt.«

Gefühlte 15 Minuten später. Runde 2. Es kommt anders. Big Brother, der unbestechliche mächtige Unbekannte, schickt Kathy aus dem Haus. Eine letzte Umarmung, dann geht auch sie, ohne Tränen, ohne große Worte. »Aber ich spürte ihre Enttäuschung, ihre Ambitionen auf den Sieg waren fühlbar.«

Die endgültige Entscheidung. Das Finale. Micha oder Werner? Micha, der Großzügige, der Sportsmann, der seine Fans gebeten hat, für seinen Kontrahenten zu stimmen. Oder Werner, der Opa, die Radio-Legende, der jetzt seine Nervosität nicht mehr verbergen kann. Unruhig läuft er auf dem Rasen des Märchenschloss-Gartens herum. Zweifel plagen ihn: Was ist, wenn die Zuschauer sich für Micha entscheiden und er auf den letzten Metern scheitert? Wenn er ohne Siegprämie nach Hause fahren muss und seine Schulden nicht bezahlen kann?

Big Brother hat das Wort. Er lobt zuerst Werner: »Alle kannten deine Stimme, viele dein Gesicht. Aber kaum einer dein Innerstes. Wie auch, du musstest dich ja in meinem Haus erst einmal selbst kennenlernen.«

Er sei überwältigt von dem Willen, von der Kraft des über 80-Jährigen, die Herausforderungen zu meistern, um seine Schulden abzutragen.

Big Brothers Sympathie gehört auch Mischa; unter seinen Muskeln und Tattoos erkennt er das große Herz, seine Ehrlichkeit und Offenheit, er habe im Camp alles gegeben. »Jetzt schaut euch an, ihr Märchenhelden, damit ihr den Sieger sehen könnt.«

Auge in Auge stehen sich die zwei gegenüber, die Sekunden werden zur Ewigkeit, dann, endlich lüftet Big Brother das Geheimnis. »Gewinner 2020 im Big-Brother-Haus und damit Gewinner von 100 000 Euro ist ... Werner.«

Zwei, die sich mögen, die sich achten, fallen sich weinend in die Arme, küssen sich: Der Gewinner, dessen Körper vor Aufregung und Rührung bebt, und der Verlierer, der auch gewonnen hat. Micha hat es eilig, das Haus zu verlassen. Vielleicht auch, weil er weiß, dass er da draußen in der Arena gefeiert wird.

Was für ein Bild. Werner ist nun allein im Märchenschloss, die Kameras zeigen ihn, wie er vor der Tür steht; wir sehen nur seinen Rücken. Er verharrt einen Moment, versucht, seine Gedanken zu sortieren, die jetzt durch seinen Kopf schießen. Ein letztes Mal spricht Big Brother: »Werner, verlasse als Sieger das Märchenland, für immer. Lass dich feiern. Für die Welt da draußen bist du ein anderer Mensch geworden.«

Werner öffnet die Tür. Er ist bereit für seinen großen Auftritt.

Langsam, fast bedächtig geht Werner über den grünen Teppich. Über ihm jagt ein Feuerwerk in den dunklen Himmel; das Lied, das ihn beim Gang zum Holzpodest begleitet, passt: Frank Sinatra singt seine Hymne, Werners Weg durchs Leben: I did it my way ...

Unter dem Jubel der Zuschauer in der Arena steht er zwischen zwei Säulen. Zur linken Seite ist der Geldkoffer zum Greifen nah, zur rechten die Urkunde unter Glas: Werner Hansch, der Promi-Big-Brother-Sieger 2020.

Werner verbeugt sich, schweigt, bis der frenetische Applaus des Publikums abebbt, bis die letzte Rakete gezündet ist.

»Liebe, liebe Zuschauer in der Arena und draußen im weiten Land, ich kann nicht triumphieren, das wäre die absolut falsche Reaktion im Verhältnis zu meiner letzten Lebensphase und den furchtbaren Folgen, die ich hinterlassen habe nach meiner Krankheit und Sucht.«

Wieder brandet der Jubel auf. Werner ist sichtlich beeindruckt, saugt die Sympathien auf, die er lange vermisst hat. Er bedankt sich bei allen Zuschauern, besonders bei denen, die ihn mit ihren Stimmen zum Sieg getragen haben. »Ihr alle seid meine Paten für den Start in eine neue, befreitere Zukunft.« Sein besonderer Dank gilt seinem Manager Marc Stöckel. »Ohne dich wäre ich nicht hier.« Er hebt seine Anwälte Alfons Becker und Dr. Gennaro Festa, seinen Steuerberater Volker Heimeshoff hervor. Und er bedankt sich bei Martin Kind und Dr. Volker Schmidt, »zwei wunderbaren Menschen aus Hannover«, und bei Christian Stiebling aus Herne, der ihm spontan Geld geliehen hat, damit Werner die Schulden bei Wolfgang Bosbach begleichen konnte.

Anfangs demütig und dankbar, gibt sich Werner am Ende seiner kurzen Rede kämpferisch. Er reißt den linken Arm in die Höhe, ballt die Faust, ruft Gleichaltrige auf, mutig zu sein. »Wenn ihr die Kraft habt und euch fit fühlt, macht hier mit. Auch mit 80 Jahren könnt ihr gewinnen.«

Als Ikke, natürlich im roten Trainingsanzug, mit Micha auf das Podest stürmt und ihm eine goldene Krone aufsetzt, als das Moderationsduo ihn im Konfetti-Regen feiert, greift sich Werner den Geldkoffer.

Er hat 100 000 Euro gewonnen. Doch für ihn bleibt am Ende fast nichts übrig.

Kapitel 36
Wende
Ein Star mit 82

Werner, der Reporter, war dabei, als Fußball-Weltmeister den größten Sieg ihres Lebens feierten, hat erlebt, wie Champions nach dem Triumph herumgereicht werden von einem Interview zum anderen. Er kennt den Medienrummel, die Jagd der Journalisten und Kamerateams nach den magischen emotionalen Momenten, nach Worten für die Ewigkeit.

Heute Nacht, da steht er im Mittelpunkt, ist er selbst die Hauptperson, der Star. Ein Star mit 82, der es der ganzen Welt bewiesen hat, dass mit ihm noch zu rechnen ist. Ein Star mit Falten, der einen langen Anlauf nehmen musste, um gekrönt zu werden. Werner kam von unten, ganz unten. Er kam aus der Hölle.

Es wird eine lange Nacht mit jeder Menge Interviews, Glückwünschen und Umarmungen, aber selbst jetzt, im Hochgefühl des Glücks und der Erleichterung, hebt Werner nicht ab. Er genießt den Augenblick, den Sieg, doch die Vergangenheit, seine selbst verschuldete Tragödie, machen ihn demütig, bescheiden.

Noch einmal, ganz zum Schluss, kann er die Tränen nicht zurückhalten. Als er das Gebäude verlässt, steht das gesamte Team von Endemol für ihn Spalier. Viele erkennt er wieder, so wie Kathy und ihren Kollegen vom Casting, andere hat er mal gesehen bei den Shows in der Arena; doch die Mehrzahl ist in den drei Wochen so unsichtbar wie Big Brother und arbeitet hinter den Requisiten des Millionen-Märchens.

Das Team singt für Werner ein Lied mit einem selbstgedichteten Text. Ein Text, der seine Abenteuer, seine drei Wochen im Big-Brother-Haus mit Humor und Augenzwinkern beschreibt.

Es ist eine beeindruckende Geste, eine Verbeugung vor einem alten Mann, der endlich wieder zuversichtlich in die Zukunft schauen kann.

Nach nur zwei Stunden Schlaf im Hotel, in dem er eine Woche lang in Quarantäne wohnte, holt ihn sein Agent ab. Sie fahren nach Limburg. Ikke feiert für seine Fans eine Abschlussparty im Studio; da darf Werner nicht fehlen. Natürlich trägt er die Krone, natürlich singen die beiden Freunde ihr Lied: »Ich bin verliebt.« Und, na klar, gemeinsam erinnern sie sich an die schönen Momente im Wald und im Märchenschloss.

Irgendwann drängt Marc Stöckel zum Aufbruch. Nach einem Zwischenstopp in Dortmund fliegen sie weiter nach Berlin. Wie im Vertrag vereinbart, muss der Sieger von Promi Big Brother am Montag im SAT.1-Frühstücksfernsehen Rede und Antwort stehen. Auch danach kommt der 82-Jährige nicht zur Ruhe. Wer beim Großen Bruder als Opa gegen Mitstreiter gewinnt, die seine Kinder und Enkel sein könnten, um den reißt sich jeder Talkshow-Master. Werner tritt unter anderem auf im Kölner Treff und in Riverboat und erzählt die Geschichte seines Lebens, die mit einer Tragödie beginnt und mit dem Happy End noch lange nicht aufhört.

Werner ist wieder daheim, ist wieder allein. Aber nicht mehr einsam. Fast täglich bringt ihm sein Agent Briefe und ausgedruckte Mails. Die Botschaft der Absender ist unmissverständlich: Die meisten bewundern ihn, weil am Ende nicht die Scham gewonnen hat, sondern sein Wille, den Trümmerhaufen, den er hinterlassen hatte, abzubauen. Sie haben Hochachtung vor seinem Mut, mit über 80 ins Big-Brother-Haus einzuziehen und teilweise auch peinliche Kinderspiele in noch peinlicheren Kostümen zu ertragen.

Einige schreiben aus Verzweiflung. Die Ehefrau, deren Mann spielsüchtig ist und sich das Leben nimmt. »Jetzt muss ich mich allein um unsere vier Kinder kümmern.« Der Mann, dessen Freund alles verliert, auch sein Haus. »Ich ließ ihn bei mir wohnen, als Dank hat er mit meiner Kreditkarte online gezockt und mich um 4500 Euro betrogen.« Der Vater, dessen Sohn 30 000 mit Fußballwetten verzockt. »Er hat eine Therapie gemacht, ich lebe aber immer mit der Angst, dass er rückfällig wird. Können Sie mir helfen?«

Werner hilft. Mehrmals spricht er mit dem 24-Jährigen, sie duzen sich. »Du kannst mich immer anrufen, wenn es dir schlecht geht«, verspricht er dem jungen Mann. »Und wenn du das Gefühl hast, du bist kurz davor, wieder zu wetten, weil das Verlangen dich erdrückt, dann tu was. Von mir aus setz dich mit dem nackten Arsch auf die heiße Herdplatte.«

Werner guckt nach vorn. Nie hat er sich Videos aus dem Big-Brother-Haus angeschaut. Er will es nicht, könnte es ohne fremde Hilfe auch nicht. Der »Trash-Opa« aus der Realityshow besitzt keinen Computer, kein iPhone. Nur ein museumsreifes, kleines Handy, gekauft vor zig Jahren für 78 Euro. Man mag es kaum glauben. Um die Briefe und E-Mails, die Marc Stöckel erreichen und die er ausdruckt, persönlich zu antworten, spielt Werner mit dem Gedanken, eine Schreibmaschine zu kaufen, hat aber Zweifel: »Gibt es die Dinger überhaupt noch?«

Werner, der SAT.1-König, der in Armut lebt. Die 100 000 Euro haben ihn nicht reich gemacht. Sein Steuerberater verwaltet das Geld auf einem Treuhandkonto und tilgt einen Teil von Werners Schulden. Das Geld reicht nicht. »Ich sehe es aber als meine Lebensendaufgabe an, jedem alles zurückzuzahlen. Es wird ein steiniger Weg, aber ich werde es schaffen«, verspricht Werner.

Damit sein Steuerberater das Treuhandkonto auflösen kann, überweist er Werner den kümmerlichen Rest.

Es sind 89 Cent.

Damit nicht genug: Anders als einen Lottogewinn muss Werner die Siegprämie versteuern, zudem auch das Antrittsgeld von 80 000 Euro.

Kapitel 37
Wende
Auf Bewährung

Werners Glück hat ein Verfallsdatum. Nach dem Sieg im Promi-Big-Brother-Haus, nach der Tour durch die Talkshows hat er nur einen Gedanken: Wann schickt mir das Schöffengericht Dortmund die Vorladung zur Verhandlung? Wann findet er im Briefkasten den Termin für »meine öffentliche Hinrichtung«?

Fast ein Jahr ist es her, da hat ihn Wolfgang Bosbach wegen Betrugs angezeigt. Mehr noch: Der CDU-Politiker ließ in seinem Schreiben an die Staatsanwaltschaft durchblicken, dass der einst so renommierte Radio- und TV-Moderator unter Spielsucht leiden könnte.

Werner litt, ihm lief die Zeit davon. Er lieh sich 2500 Euro, die er im Februar 2020 an Wolfgang Bosbach mit einer Blitzüberweisung zurückzahlte. Einen Tag später erschien in der WAZ ein großer Artikel über die Anzeige und seine möglichen Verfehlungen. Werner Hansch, die Stimme des Reviers, stand endgültig am Pranger. Inzwischen ist viel passiert. Werner offenbart sich Alfons Becker. Der erfahrene Jurist aus Dortmund ist mehr Freund als Anwalt. Ihm kann und will der ehemalige Reporter nichts vormachen.

Alfons Becker spürt sofort: Der brave, einst so aufrechte Werner Hansch ist spielsüchtig, ist krank, steht vor dem endgültigen Absturz, Zusammenbruch. Er will keine Lügengeschichten hören. Er schickt ihn zu einem Therapeuten.

Werner hat Glück im Unglück. Alfons Becker ist nicht nur lang genug im Geschäft; er hat auch schon suchtkranken Mandanten vor Gericht geholfen. Er weiß, wie diese Sucht Menschen willenlos macht, zerstört. Der Fall eines SEK-Beamten aus den 1990er-Jahren geht ihm nicht aus dem Kopf. Nachdem dieser Beamte sein ganzes Vermögen verzockt hat und neues Wettgeld braucht, begeht er in seiner Verzweiflung drei bewaffnete Raubüberfälle. Von einer vom Gericht angeordneten Durchsuchung seiner Wohnung erfährt er und flieht.

Nachdem der Polizeibeamte nach einer Großfahndung gefasst worden ist, übernimmt Alfons Becker die Verteidigung des spielsüchtigen Polizeibeamten, bei dem offensichtlich auch eine erhöhte Alkoholabhängigkeit besteht. Vor Gericht zeichnet Alfons Becker das Bild eines gebrochenen Angeklagten, dem die Krankheit die Kontrolle über sich selbst genommen hat. Er ist ein Spielball seiner Sucht, die ihn zum

Verbrecher werden lässt und zum Alkoholiker macht. Der Polizeibeamte erhält für drei bewaffnete Banküberfälle eine Gesamtfreiheitsstrafe von fünf Jahren. In dem Verfahren wird von der Verteidigung die Einholung eines Gutachtens zur Frage der Schuldfähigkeit des Angeklagten beantragt und vom Gericht eingeholt. Der Sachverständige kommt in seinem Gutachten zu dem Ergebnis, dass in jedem Fall die Voraussetzungen des § 21 StGB, also verminderte Schuldfähigkeit, gegeben sind. Dies führt dann zu der vergleichsweise milden Freiheitsstrafe. Bei den dem Angeklagten zur Last gelegten Taten hätte der Richter auch eine Freiheitsstrafe im Bereich von zehn Jahren verhängen können.

Werner tut alles, um den von ihm verschuldeten Schaden wiedergutzumachen, um sich von seiner Spielsucht zu befreien. Er trifft sich seit Mai 2020 regelmäßig mit seinem Therapeuten. Er verpasst keine Sitzung der Selbsthilfegruppe, bis Corona die Treffen verhindert.

Gerade wegen seiner Selbstreflexion zieht ihn nichts mehr in eine Wettbude. Der Wille, das Geld zurückzuzahlen, ist stärker als die Scham, als Opa ins Big-Brother-Haus einzuziehen und sich dort zu outen. Nicht nur die Container-Bewohner, auch viele TV-Zuschauer imponiert, dass Werner Klartext spricht.

Er gesteht seine Lügengeschichten und übernimmt die alleinige Verantwortung für sein verlogenes Spiel, das ihn in die Sucht treibt. Eine Sucht, die ihn mit kaum nachvollziehbarer Kraft gnadenlos abhängig macht. »Wenn es eine Hölle gibt, dann weiß ich, wie sie aussieht«, sagt er seinen Anwälten.

Werner hält sich an sein Versprechen im SAT.1-Camp. Antrittsgeld und Siegprämie nutzt er, um einen großen Teil der Schulden zu tilgen. Doch das reicht ihm nicht. Er will sein Gewissen erleichtern und möglichst schnell den Rest des geliehenen Geldes bezahlen; mit der Rente, die ihm nach Pfändungen zum Leben übrig bleibt, kann er das nicht. Aber sein Auftritt im Container hat Unternehmen beeindruckt. Sie signalisieren bereits Engagements.

Die Reporter-Legende fühlt sich in der Pflicht, anderen den Weg aus der Krankheit aufzuzeigen. Aus eigener Erfahrung weiß er, dass die psychische Kraft des Einzelnen nicht reicht und sie ohne fremde Hilfe zugrunde gehen. Werner wird Botschafter des Fachverbandes Glücksspielsucht.

Und dann kommt doch der Tag, der Moment, der Werner den Boden unter den Füßen wegreißt. Mit zittrigen Händen öffnet er das Schreiben des Amtsgerichts Dortmund. Jetzt hat er es amtlich: In dem durch die Betrugsanzeige von Wolfgang Bosbach eingeleiteten Ermittlungsverfahren soll am 1. Dezember 2020 öffentlich verhandelt werden.

Werner kann die Bilder der grenzenlosen Angst nicht verdrängen. Diesmal werden keine Menschen, die ihn mögen, für ihn Spalier stehen. Auf dem Weg zur Verurteilung werden Fotografen ihn abschießen, TV-Reporter ihm mit dem Mikro bedrängen und Zeitungen und Magazine Platz auf ihren Seiten freischaufeln, damit ihre Journalisten in großen Reportagen den Niedergang eines alten Mannes beschreiben können.

»Mehr Öffentlichkeit gibt es nicht«, sagt er und denkt an den vernichtenden Presserummel um Uli Hoeneß, Christoph Daum, Christian Wulff und Jörg Kachelmann. Er denkt an so viele Stars, die von der Presse abgestraft wurden, die selbst verschuldet am Boden liegen und noch tiefer in Ungnade fallen – selbst nach einem Freispruch.

Natürlich würden seine Anwälte, Alfons Becker und Dr. Gennaro Festa, vor Gericht deutlich machen, welche verhängnisvolle Rolle Werners Sucht gespielt hat. Sie würden seinen Willen, den Schaden aus eigener Kraft wieder gutzumachen, hervorheben und darauf hinweisen, dass er sich freiwillig einer Therapie unterzogen hat. Doch nach dem Geständnis in der Räuberhöhle vor dem unsichtbaren Big Brother, nach den vielen Tränen im Wald und im Märchenschloss des Containers und in etlichen Talkshows weiß der 82-Jährige nicht, ob seine Kraft reicht, als Büßer vor Gericht zu stehen.

Es kommt anders.

Werner sitzt als Beifahrer im Auto, als das Handy klingelt. »Herr Hansch, ich habe eine sehr gute Nachricht für Sie«, sagt Dr. Gennaro Festa und erzählt dem ehemaligen Reporter, dass ihm eine öffentliche Hauptverhandlung erspart bleibt. Das eingeleitete Ermittlungsverfahren sei mit einer Verwarnung mit Strafvorbehalt erledigt. Wenn er sich nichts zuschulden kommen lässt innerhalb der vom Gericht festgesetzten zweijährigen Bewährungszeit, hat sich das Verfahren mit dieser Verwarnung erledigt. Ansonsten müsse er eine Geldstrafe von 180 Tagessätzen zu je 40 Euro zahlen.

Werner kann es nicht fassen, ist vor Erleichterung fast sprachlos. Die Nachricht aus der Kanzlei lässt ihn durchatmen, ist das schönste Weihnachtsgeschenk seines Lebens. Am nächsten Tag berichtet dpa, zitiert den einstigen Sportreporter: »Die Verwarnung mit Strafvorbehalt akzeptiere ich natürlich dankbar und ohne jede Einschränkung.« Werner ist befreit von seiner größten Sorge, von seiner Angst.

Aber er ist noch längst nicht am Ziel.

Kapitel 38
Wende
Botschafter gegen die Sucht

Die ›Rote Erde‹ in Dortmund. Ein alter Mann kommt aus den Katakomben des Stadions. Im Hintergrund leuchtet das schwarz-gelbe BVB-Logo, dribbeln die Stars von einst an den Wänden: Aki Schmidt, Lothar Emmerich, Hoppy Kurat … Werner geht den Weg hinunter auf den Rasen, den auch die Legenden von Borussia gegangen sind, um Benfica Lissabon im Dezember 1963 mit 5:0 vor 43 000 Zuschauern vom Platz zu fegen; drei Jahre später gewinnen sie in Glasgow den Europapokal der Pokalsieger.

Heute ist das Stadion neben dem Signal-Iduna-Park leer; als Heimat des Bundesligisten hat es ausgedient, so wie Werner Hansch als Sportredakteur.

Es liegt ein Hauch von Nostalgie auf dem Stadion mit seiner Laufbahn, den Wellenbrechern und den Stehplätzen im weiten Rund. Es liegt ein Hauch von Nostalgie in Werners Stimme, die rund 1500 Bundesligaspiele kommentierte. Er geht den Weg zurück, erzählt von seinen 30 Jahren als Radiomann, als TV-Reporter. Als er vor der Tür zur Sprecherkabine, zögert er einen Moment, bevor er sie öffnet. Eigentlich ist es nicht mehr sein Platz.

Die nächste Szene, gedreht in der Halle eines Dortmunder Reitvereins in Dortmund-Syburg. Werner steht auf dem oberen Rang, schaut hinunter auf zwei junge Reiterinnen, die ihre Pferde zwischen Hindernissen warmreiten. Doch Werner ist bei der Dressur, bei den Olympischen Spielen, bei Rembrandt, bei Nicole Uphoff, und schreit es noch mal raus, wie vor mehr als 33 Jahren: »Ist es Gold? Ja, es ist Gold. Gold. Gold für Deutschland!« Und da ist er wieder so, wie wir ihn kennen, wie wir ihn schätzen, wie wir ihn hörten und am Bildschirm sahen. Werner, der begnadete Kommentator, der mit Worten und Körper mitreitet und den Ball in den Winkel hämmert, der über ein geiles Tor jubelt und über erbärmliches Gekicke jammert.

Aber dann wird er ganz ernst und schildert, wie seine Karriere, sein Leben einen Knick bekommt, weil der Spielteufel ihn in die Suchtschlucht stößt, weil die unterschätzte Krankheit Geld und Selbstachtung frisst.

Jetzt spricht der neue Botschafter des Fachverbandes Glücksspielsucht in Bielefeld, der den Film produziert hat. Werner gibt dem Verband seine markante Stimme, der Sucht ein Gesicht, Süchtigen Mut, den Absprung zu schaffen. Und er will dazu beitragen, dass Jugendlichen die Sucht erspart bleibt. Nicht nur in diesem Film, auch in Talkshows und in Klassenzimmern.

Der Fachverband arbeitet auf der administrativen Ebene, hat eine Vielfalt von Aufgaben. Unter anderem berät er betroffene Spieler, informiert die Öffentlichkeit über Suchtgefahren, fördert Forschungsvorhaben, berät wissenschaftliche Einrichtungen, staatliche Institutionen, Parteien. Mit all seinen Möglichkeiten stemmte sich der Verband erfolglos gegen die Legalisierung des Online-Glücksspiels.

Bisher war das Online-Glücksspiel nur geduldet. Nach der Legalisierung am 1. Juli 2021 im neuen Glücksspielstaatsvertrag wird die Schwelle für Suchtgefahr noch einmal deutlich absinken; die Gesetzesänderung ist für Werner Hansch ein weiterer Schritt zu einer gesundheitspolitischen Katastrophe. Laut Zahlen von 2019 sind bereits rund 200 000 Deutsche in ein pathologisches Spielverhalten abgesunken. Mit allen Symptomen, die dafür typisch sind: Kontrollverlust, finanzieller Ruin, Zerstörung sozialer Kontakte, Depression, Aggression bis hin zum Suizid.

Längst hat Werner ein Konzept für eine Präventionskampagne erstellt. Sie richtet sich an Jugendliche im Alter zwischen 14 und 18 Jahren; ein Alter, in dem sie anfällig sind, online zu spielen – und irgendwann vielleicht Gefahr laufen, spielsüchtig zu werden. »Mir geht es darum, vorzubeugen. Wer möglicherweise aus Langeweile oder aus Mangel an sinnvollen Freizeitalternativen beim Glücksspiel landet, rückt in den Fokus meiner Kampagne.«

Ihm kommt es darauf an, die Eigenverantwortung der jungen Menschen zu aktivieren, in jeder Situation die Kontrolle über das Spielverhalten zu bewahren. Die Jugendlichen sollen sich fragen, welchen Spieleinsatz kann ich mir leisten, ohne andere Verpflichtungen zu vernachlässigen und keine Schulden anzuhäufen.

Der Botschafter will in Schulklassen, zu Sportvereinen gehen als Betroffener, der spielsüchtig wurde, aber nie vor der Suchtgefahr gewarnt wurde.

Seine Kampagne heißt: Ich bin durch die Hölle gegangen.

Zurück zum Film, zurück ins Stadion ›Rote Erde‹: Werner steht auf der Tribüne, der Hintergrund verblasst. Werner beschreibt, wie ihn Wolfgang Bosbach anzeigt, wie dessen Betrugsanzeige einem Journalisten gesteckt wird ... wie der Bericht seinen Ruf, sein Leben vernichtet. »Es war der schlimmste Moment. Ich hatte das Gefühl, dass ich mir durchaus etwas antun könnte.«

Werner kritisiert Oliver Kahn und andere Ex-Stars, die für Fußballwetten im Internet geworben haben. »Mir würde imponieren, wenn sie auf der anderen Seite kämpfen würden, dass sie mithelfen, uns vor der Sucht zu bewahren.« Er formuliert seinen eigenen Anspruch: Er will Vertrauen zurückgewinnen, den Trümmerberg abbauen, den er angehäuft hat. Und er möchte anderen sein Schicksal ersparen – den Gang durch die Hölle.

Das Ende des Films. Werner steht auf der Laufbahn des Stadions, blickt auf den Rasen, die leeren Stehplatzränge. Er geht aus dem Bild.

Er hat ein Ziel.

Epilog

Drei Daten, die ich in meinem Kopf gespeichert habe, unlöschbar für alle Zeit.

Drei Daten, die unsere Freundschaft markieren, auf den Prüfstand stellen.

Drei Daten, die eine Geschichte erzählen; seine, meine, unsere.

Dortmund, der 2. Juli 2018. Ein Montag. Ich sitze an meinem Schreibtisch im Pressehaus, schreibe einen offenen Brief, der am Samstag im Wochenendmagazin der Ruhr Nachrichten erscheinen wird. Der Brief geht ausgerechnet an einen Hörfunk-Reporter, an den legendären Herbert Zimmermann, den das Wunder von Bern berühmt macht.

Er kommentiert 1954 das WM-Finale, die Sensation fürs Radio und später auch die Fernsehbilder ... »und Bozsik, immer wieder Bozsik, der rechte Läufer der Ungarn am Ball. Er hat den Ball – verloren, diesmal, gegen Schäfer. Schäfer nach innen geflankt. Kopfball – abgewehrt. Aus dem Hintergrund müsste Rahn schießen – Rahn schießt – Tooooor! Tooooor! Tooooor! Tooooor!«

Wohl reiner Zufall. Oder? Ich bin in Gedanken weit weg, bin in der Schweiz, bin im Wankdorf-Stadion, sehe in meinem Kopfkino, wie der Ball unhaltbar für Ungarns Torwart Gyula Grosics ins Netz rauscht.

Werner ruft an, und der Anruf ist so anders als die vielen vorherigen, die er im Plauderton beginnt, von seinen Erlebnissen der letzten Tage und Wochen erzählt. Diesmal, da kommt er sofort zur Sache, und aus seiner Stimme klingt nur eins: pure Verzweiflung.

Warum sollte ich sie nicht glauben, seine Geschichte vom verschuldeten Unfall, den er vertuschen möchte. Vom Anwalt, der heute Mittag Geld sehen will, ansonsten informiert er die Presse. Und das will Werner unbedingt verhindern.

Es ist die Lügengeschichte, die er nicht nur mir auftischt, um sich Futter für seine Spielsucht zu pumpen. Er betrügt seine besten Freunde.

Er braucht 800 Euro und zwar schnell. Ob ich ihm das Geld leihen könnte?

Ich bin unsicher, habe noch nie Geld verliehen, aber ich kann nicht anders. Ich will Werner nicht im Stich lassen und verdränge, was mir drei Tage vorher ein bekannter

Dortmunder gesteckt hat: »Hasse schon gehört, der Hansch ist so pleite, der hat nichmals mehr Kohle, um zu tanken.«
Zwei Stunden später kommt Werner in mein Büro. Er nimmt sich nicht die Zeit, sich hinzusetzen und den Darlehnsvertrag zu lesen, den ich in aller Eile auf ein Stück Papier gekritzelt habe. Er unterschreibt und will nur noch weg, aber nicht zum Anwalt. Er fährt nach Recklinghausen. Gleich startet das erste Rennen.
Funkstille. Fast ein Jahr lang meldet sich Werner nicht, meine Anrufe gehen ins Leere, mein Brief bleibt unbeantwortet.
Dabei kennen wir uns seit mehr als 30 Jahren, damals darf ich in der Sprecherkabine des Westfalenstadions für eine Reportage neben dem Hörfunk-Reporter sitzen.
2009 gehen wir mit der MS Deutschland, dem ZDF-Traumschiff, auf Fußball-Kreuzfahrt von Travemünde nach England. Mit an Bord: Uwe Seeler, der im Stadion Old Trafford Sir Bobby Charlton umarmt; im WM-Finale 1966 waren sie Gegner, heute sind sie Freunde. Ein Gänsehaut-Moment. Mit dabei auch Berti Vogts, der in Wembley 1996 unsere Nationalelf zum EM-Titel führt. Zur Fußball-Crew gehören aber auch Uli Stein, den der Kaiser bei der WM in Mexiko nach Hause schickt, und Rudi Assauer, der herrliche Geschichten über seine Schalker erzählt.
Kurz darauf ist er der erste Gast der Talkserie in meiner Bottroper Stammkneipe. Titel: Hermanns Heimspiel bei Hürter. Die Gäste sitzen auf der Theke, stehen auf den Tischen, und Werner versteigert für einen guten Zweck drei Zigarren, die Davidoff nur für Rudi produziert: Grand Cru No. 3. Alles nur noch Erinnerung. Kurz vor Weihnachten 2012 darf ich als einziger Journalist mit Werner den an Alzheimer erkrankten Rudi besuchen, der bei seiner Stieftochter wohnt. Die Überschrift meiner Reportage: Zuhause in einer eigenen Welt.

Bochum, der 6. August 2019. Werner ruft an, wir vereinbaren für den nächsten Vormittag Termin und Ort für die Geldübergabe: in Bochum, auf der Zufahrtsstraße zum VfL-Stadion, direkt vor dem benachbarten Hotel.

Alles geht schnell. Werner zieht zerknüllte 100-Euro-Scheine aus der Hosentasche, drückt sie mir in die Hand. Eine kurze Umarmung ohne Worte, ich sehe Tränen in seinen Augen, und schon ist er wieder verschwunden. Auch ich habe es eilig. Am nächsten Tag heiratet meine Tochter Lisa.

Wieder Funkstille. Zwei Nachrichten, die durch die Medien gehen, schocken mich. Zuerst die Artikel über die Betrugsanzeige von Wolfgang Bosbach, dann die Ankündigung, die ich anfangs nicht wahrhaben will: Werner Hansch zieht ins Big-Brother-Haus ein.

Mein erster Gedanke: Warum erniedrigt sich ein renommierter Reporter, ein über 80 Jahre alter Mann, sich bei einem C-Promi-Spektakel vor einem Millionen-Publikum der Lächerlichkeit preiszugeben?

»Werner, warum bist du hier?«, wird Big Brother ihn fragen und herausfordern, seine Spielsucht, seine Betrügereien zu gestehen. Es ist ein ehrliches Geständnis, dem Taten folgen. Tag für Tag im berüchtigten TV-Container tut er alles, erträgt vieles, gibt nie auf, um die 80 000 Euro Antrittsprämie nicht zu verlieren. Um den Trümmerhaufen abzubauen, den er geschaffen hat. Um wieder in den Spiegel schauen zu können.

Mein Fremdschämen, meine Fassungslosigkeit über seinen Einzug im SAT.1-Camp verwandeln sich in Bewunderung und Anerkennung. In Hochachtung. Nicht nur ich spüre: Sein Wille hat seine Scham besiegt. Auf der Zielgeraden des Lebens will er seine Fehler wiedergutmachen. Als König, nicht als Bettler.

Ist es nicht kurios? Beim närrischen, kultigen Tennengericht, einer Traditionsveranstaltung in Münster, spiele ich seit Jahren den Verteidiger und bewahre angeklagte Prominente wie Tagesschausprecher Jan Hofer und Politiker Gregor Gysi vor allzu deftigen Strafen. Auch Werner zieht mit Plastik-Handschellen in den Saal ein. In meinem Plädoyer für ihn erkläre ich mit Augenzwinkern, dass der beste Weg zum Tennengericht über das Dschungelcamp und den Big-Brother-Container führt. Werner wählt eine andere Reihenfolge.

19. Januar 2021. Werners Anruf ist mehr als nur ein Lebenszeichen; er ist eine Chance für den Neustart unserer Freundschaft, er ist die Chance, Vertrauen zurückzugewinnen. Sein Freund Ikke Hüftgold, besser Matthias Distel, will ein Buch über Werners Sucht, sein Leben und die Zeit im Big-Brother-Haus herausgeben. Am Telefon sagt Werner mir, es sei sein größter Wunsch, dass ich dieses Buch schreibe.

Ich willige sofort ein. Kurz darauf sitzen wir an seinem Wohnzimmertisch. Er beginnt, mir seine Geschichte zu erzählen, von der Tür des Wettbüros, die nur einen Spalt offensteht, bis zum Gang durch die Katakomben des Stadions ›Rote Erde‹, als Botschafter des Fachverbandes Glücksspielsucht. Mittags essen wir, was »Der Eismann« und Cali Calmund geliefert haben, abends trinken wir nach getaner Arbeit ein Gläschen Wein.

Auf der Heimfahrt nach unserer letzten Sitzung denke ich an seinen letzten Satz zum Abschied an seiner Haustür, an seinen größten Wunsch.

Werner möchte noch einmal einen blauen Himmel sehen.

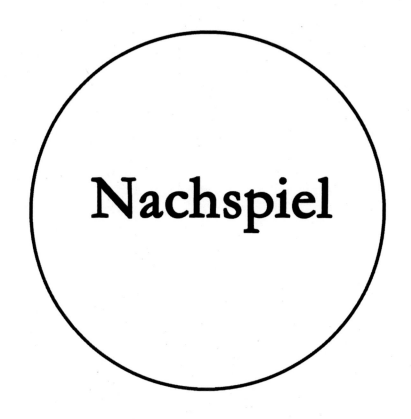

Nachspiel

Am 1. Juli 2021 trat die Neuauflage des Glücksspielstaatsvertrages in Kraft. Dass genau an diesem Tag Oliver Kahn seine Arbeit als Vorstandsvorsitzender der FC Bayern München AG aufnahm, ist natürlich Zufall. Es passt aber zusammen. Der ehemalige Torwart-Titan hat acht Jahre lang als Werbe-Ikone seine Schuldigkeit für den Sportwetten-Anbieter Tipico getan. Ihn wird es nicht schmerzen, dass der neue Staatsvertrag Werbung durch aktive Spieler und Funktionäre untersagt; er hat ja nun einen anderen lukrativen Job.

Die Gewinner des neuen Vertrages stehen schon fest. Es sind vor allem die Wettanbieter, die mit ihrem bisher illegalen, aber geduldeten Geschäft bereits Milliarden kassierten. Nun werden sie den rechtlichen Rahmen nutzen, um noch mehr Umsatz und Profit zu machen, beispielsweise als Werbepartner der öffentlich-rechtlichen Sender. Diese können sich laut Gesetz dem zwielichtigen Business nicht mehr verweigern – und sie werden es auch gar nicht wollen. Wenige Tage nach dem 1. Juli 2021 gab die ARD bekannt, dass Tipico, ohnehin schon Premium-Partner der Deutschen Fußball Liga (DFL), offizieller Sponsor der Sportschau für die Saison 2021/2022 wird. Es scheint niemanden zu stören, dass die Werbedeals dieser fragwürdigen Firma, gegen die staatsanwaltliche Ermittlungen laufen, auch mit dem Geld glücksspielsüchtiger Menschen bezahlt werden.

Mehr Werbung, mehr Reichweite, mehr Spieler, also auch mehr Suchtgefährdete und Süchtige, womit wir bei den Verlierern sind.

»Natürlich liest es sich erstmal gut, wenn die Gesetzgeber im §1, Ziffer 1, die Verhinderung von Glücks- und Wettsucht als gleichberechtigtes Ziel des Staatsvertrages postulieren«, sagt Werner Hansch.

Aus dem Blickwinkel seiner eigenen Suchterfahrung hält er es aber für wirklichkeitsferne, idealistische Wunschträume der Gesetzgeber, die Veranstalter vom öffentlichen Glücksspiel laut Gesetz zu verpflichten, die Spieler zu verantwortungsvollem Spiel anzuhalten und der Glücksspielsucht vorzubeugen.

»Das wird nie funktionieren, weil nachhaltige Instrumente gegen Spielsucht das Geschäftsmodell der Betreiber frontal konterkarieren.«

Ein Großteil der Erlöse, so Werner Hansch, erzielen die Veranstalter ja nicht aus der Portokiste von Frührentnern, sondern mit suchtgefährdeten oder -kranken Spielern, wie er einer war, die ein Vermögen verspielen.

Werner Hansch bezweifelt, dass die von Kanzlei-Juristen formulierten Maßnahmen greifen werden. Beispielsweise sollen Veranstalter ihre Mitarbeiter schulen, Spieler vor der Sucht zu warnen. Anbieter müssen jeden Online-Spieler mit einem persönlichen Konto registrieren, alle Wettbewegungen werden über dieses Konto abgewickelt. Der monatliche Gesamtverlust darf 1000 Euro nicht überschreiten.

Für den ehemaligen Zocker, den die Sucht in die Hölle stürzte, wird das neue Gesetz nicht greifen.

Dabei weiß er selbst: »Mit keiner anderen Sucht kann man so schnell in Abhängigkeit und Ruin abgleiten wie beim Glücksspiel.«

Hilfeangebote für Glücksspielsüchtige und ihre Angehörigen:

Adressen von Beratungsstellen,
Fachkliniken und Selbsthilfegruppen

www.gluecksspielsucht.de/adr

Hotline Glücksspielsucht

0800 077 66 11 (kostenfrei und anonym)

Forum Glücksspielsucht

www.forum-gluecksspielsucht.de

Persönliches
16. August 1938: Geburt in Recklinghausen Süd.
Ca. 1940 bis 1943: Evakuierung in Sulékow bei polnischen Verwandten.
1943 bis 1945: Evakuierung in Lütmarsen nahe Höxter bei einem Bauern.
März/April 1961: Seine Eltern, Magdalena und Stefan, sterben innerhalb eines Monats.
1965: Heirat mit Ingrid
1966: Geburt von Sohn Oliver
1968: Scheidung von Ingrid

Ausbildung
1958: Abitur am Aufbaugymnasium Recklinghausen, Beginn des Studiums in Münster (Jura, Moderne Geschichte).
1959: Fortsetzung des Studiums in Berlin, Abbruch nach Tod der Eltern.
1964 bis 1966: Lehramtsstudium
1972: Beginn des Studiums in Bochum (Politik/Soziologie)
1976: Examen als Diplom-Sozialwissenschaftler.

Karriere
1968: Beginn der Tätigkeit als Pressesprecher der Trabrennbahn Recklinghausen.
1969: Erster Einsatz als Kommentator auf der Trabrennbahn. Später in dieser Funktion auf allen vier NRW-Bahnen.
24. Februar 1973: Debüt als Stadionsprecher in der Glückauf-Kampfbahn beim Spiel Schalke 04 gegen Bayern München.
4. November 1978: Debüt als Hörfunk-Kommentator für den WDR beim Spiel Preußen Münster gegen Bayer Leverkusen.
1981: Beginn der Tätigkeit als Geschäftsführer der Trabrennbahn Dinslaken.
1989: Außenreporter für Frank Elstner in der ZDF-Show ›Nase vorn‹.

15. Dezember 1990: erste TV-Reportage für die ARD-Sportschau in Düsseldorf.
1992: Ende der Tätigkeit für den WDR und als Geschäftsführer der Trabrennbahn Dinslaken. Wechsel als festangestellter Redaktionsleiter Dortmund und Reporter zu ›ran‹ SAT.1 Fußball.
1994 bis 1996: Kommentator bei ›Rudis Hundeshow‹ mit Rudi Carrell.
1997 bis 1999: Auftritte in Late-Night-Shows, u. a. bei Giovanni di Lorenzo, Anke Engelke, Thomas Gottschalk, Roger Willemsen.
2004: Gast bei ›Zimmer frei‹ mit Götz Alsmann und Christine Westermann.
2006: Wechsel als Kommentator zum Bezahlsender Arena. Ein Jahr später stellt der Arena den Sendebetrieb ein.

Auszeichnungen
1988: Deutscher Hörfunkpreis des Verbandes Deutscher Sportjournalisten für die Military-Reportage bei den Olympischen Spielen in Seoul.
1994: Nominiert für den Grimme-Preis wegen Bulli-Kommentaren TV.
1997: Ehrung mit dem Goldenen Löwen von RTL für die Tätigkeit als Fußballkommentator. Telestar von ARD und ZDF für die Kommentierung des UEFA-Cup-Endspiels Inter Mailand - Schalke 04.
1998: Auszeichnung als beliebtester Reporter durch Sport Bild, Publikumswahl.
2004: Nominiert für den Deutschen Fernsehpreis mit Oliver Welke
2017: Auszeichnung mit dem renommierten Steiger Award